Hans Peter Royer

Nach dem Amen bete weiter

Im Alltag mit Jesus unterwegs

Hans Peter Royer

Nach dem Amen bete weiter

Im Alltag mit Jesus unterwegs

SCM
Hänssler

SCM

Stiftung Christliche Medien

SCM Hänssler ist ein Imprint der SCM Verlagsgruppe GmbH,
die zur Stiftung Christliche Medien gehört, einer gemeinnützigen
Stiftung, die sich für die Förderung und Verbreitung christlicher Bücher,
Zeitschriften, Filme und Musik einsetzt.

FSC www.fsc.org MIX Papier | Fördert gute Waldnutzung FSC® C014496

Der Titel erschien zuvor als Paperback unter der ISBN 978-3-7751-4027-0.

5. Auflage 2024 (17. Gesamtauflage)

Max-Eyth-Straße 41 · 71088 Holzgerlingen
Internet: www.scm-haenssler.de · E-Mail: info@scm-haenssler.de

Umschlaggestaltung: SCM Verlag, Holzgerlingen
Titelbild: Lothar Scherer, Schladming, www.dachsteinpano.at
Satz: typoscript GmbH, Walddorfhäslach
Druck und Bindung: GGP Media GmbH, Pößneck
Gedruckt in Deutschland
ISBN 978-3-7751-5802-2
Bestell-Nr. 395.802

INHALT

DANK

Danken möchte ich Sabine und Rainer Ehrle, die, wie schon bei meinem ersten Buch, viele Stunden investiert und mir bei der Rechtschreibung sowie beim Formulieren und Ordnen meiner Gedanken geholfen haben. Obwohl neben euren zwei Buben, Martin und Johannes, schon der (oder vielleicht die?!) Dritte unterwegs ist und Rainer gerade seinen Job wechselt, habt ihr euch diese Zeit genommen. Danke dafür!

Danke auch an Friedrich Hänssler und Christian Grewing. Ihre Ermutigung war ausschlaggebend dafür, dass ich es überhaupt gewagt habe, meine Gedanken zu formulieren und in Buchform niederzuschreiben.

Danke an dich, Hannelore, für deine Geduld und Großzügigkeit, dass ich einen Großteil des Urlaubs dafür verwenden konnte, dieses Buch zu schreiben. Ich bin Gott, unserem Herrn, unendlich dankbar, gemeinsam mit dir als meinem Ehe- und Glaubenspartner durch dieses Leben gehen zu dürfen.

VORWORT ZUR NEUAUFLAGE 2017

Dieses Buch »Nach dem Amen bete weiter« sollte nicht in Ehren gehalten, sondern gelesen und gelebt werden. Das Wesentliche für das Leben eines Christen ist eine persönliche Beziehung zu Christus, um die es in diesem Buch geht. Diese persönliche Beziehung zu Christus – wie sie funktionieren soll, wie man sie im eigenen Leben umsetzen kann – war meinem Mann Hans Peter immer ein äußerst wichtiges Anliegen.

Denn die persönliche Beziehung ist lebenswichtig für jeden, der Christus wirklich nachfolgen will.

Ihre Hannelore Royer

VORWORT

An einem kalten Wintertag im Dezember 2002 ging ich im Wald spazieren und redete dabei mit Gott. Im Gebet genieße ich immer die Freiheit, Gott all mein Versagen offen bekennen zu dürfen, weil ich mir stets seiner Vergebung gewiss sein darf. Doch dieses Mal war es mehr als das. Ich erkannte, dass ich Gott eigentlich gar nicht liebe, bzw. bekannte ich ihm, dass ich nicht wirklich weiß, ob ich ihn liebe. Und das aus einem ganz einfachen Grund – ich fühlte in diesem Moment nichts für Gott. Ich redete zwar mit ihm, meine Lippen bewegten sich, aber es war, als ob ich mit mir selber oder mit den Bäumen um mich herum sprach.

Ich bin seit fast 17 Jahren mit meiner Frau Hannelore verheiratet und liebe sie jedes Jahr mehr. Ich weiß, dass ich sie liebe. Ich weiß, wie es sich anfühlt, sie zu lieben. Ich kann sie hören, ich kann ihre Hand halten und ihr in die Augen schauen. Ich liebe auch unsere drei Kinder Lucas, Lisa und Eva-Maria. Ich erlebe sie im Alltag. Sie sitzen auf meinem Schoß, sie weinen und lachen. Aber Gott ist Geist und ich weiß nicht, wie man einen Geist liebt.

Gott ist Geist und ich weiß nicht, wie man einen Geist liebt.

An diesem Wintertag sagte ich zu Gott: »Himmlischer Vater, ich habe dich noch nie gesehen, ich habe noch nie eine hörbare Stimme vom Himmel vernommen, ich habe noch nie deine Hand gehalten. Ich bekenne nun schon seit 25 Jahren, Christ zu sein, aber, ehrlich gesagt, weiß ich nicht, ob ich dich liebe. Ich möchte dich lieben, aber ich weiß nicht, wie.«

Vielleicht ist dies auch Ihr Gebet. Sie sehnen sich danach, Gott im Alltag zu erleben, aber Sie spüren nichts von seiner Gegenwart. Nicht selten bekomme ich die Frage in Bezug auf das Gebet gestellt: »Was soll ich nur tun? Ich probiere täglich zu beten, aber es ist eine Qual. Ich spüre nichts, wenn ich bete. Ich erlebe Gott einfach nicht!« Ich weiß genau, wovon diese Christen sprechen, und empfinde große Sympathie für sie, denn das war und ist zum Teil heute noch meine eigene Erfahrung. Leider hören manche Christen wegen dieser Frustration auf zu beten oder wenden sich sogar von Gott ab.

Dieses Buch soll helfen, den lebendigen Gott in einer liebevollen Gemeinschaft und im intimen Gespräch immer wieder neu zu entdecken und den Herrn Jesus Christus, obwohl heute unsichtbar, persönlich im Alltag zu erfahren.

Seit ich Christ bin, sehne ich mich danach, die Realität des auferstandenen Herrn Jesus im Alltagsleben erfahren zu können, genauso real, wie Abraham, Mose, David oder die Jünger ihn erlebt haben. Ich sage mir: Wenn es Gott wirklich gibt und wenn Jesus Christus wirklich von den Toten auferstanden ist, dann ist er heute genauso lebendig wie vor 2000 Jahren und damit müsste er heute genauso erfahrbar sein wie damals.

Dieses Buch ist jedoch nicht nur eine biblisch-theologische Abhandlung über die Gemeinschaft mit Gott, sondern beruht auch auf meinen eigenen, bescheidenen Glaubensschritten mit allen Rückschlägen und Zweifeln. Darum ist es mein »Herzensbuch«. Und doch ist es nicht mein Buch, sondern »sein Buch«. Der Gott, an dem ich so oft zweifle, hat wieder einmal unter Beweis gestellt, dass er treu bleibt, auch dann wenn ich untreu bin (2. Tim. 2,13).

Darum, danke, Herr! Dir alleine gebührt alle Ehre!

KAPITEL 1
Den unsichtbaren Gott erleben

Nicht selten bekommt ein Christ den Vorwurf zu hören, einen blinden Glauben zu haben, an einen Gott, den man weder sieht noch hört oder spürt. Dieser Vorwurf ist zum Teil berechtigt, denn, wie wir in Johannes 1,18 lesen: »Niemand hat Gott jemals gesehen …« Das Evangelium von Jesus Christus ist, rein menschlich und rational gesprochen, eine lächerliche Botschaft. Wir reden von einem Christus, der nicht hörbar ist, und wir präsentieren Jesus, obwohl er nicht sichtbar ist. Darum sagt Paulus: *»Das Wort vom Kreuz ist eine Torheit denen, die verloren werden …«* (1. Kor. 1,18 – Luther). Es ist mir nicht möglich, in einer Diskussion mit einem Atheisten Gottes Existenz zu beweisen, indem ich Gott auf den Tisch lege und vorzeige, denn Gott ist unsichtbar.

Das Evangelium von Jesus Christus ist, rein menschlich und rational gesprochen, eine lächerliche Botschaft.

Doch daraus die Schlussfolgerung zu ziehen, dass Gott nicht existiert und ein Christ deshalb einen blinden Glauben hat, ist nicht zulässig.

Jeder Mensch glaubt an Dinge, die er nicht sieht

Wir alle glauben mit unserem gesunden und logischen Menschenverstand an Dinge, die wir nicht sehen.

In diesem Moment sitze ich an meinem Computer, um meine Gedanken zu formulieren, und ich bin überzeugt davon, dass in meinem Zimmer Strom vorhanden ist. Ich habe elektrischen Strom noch nie gesehen und dennoch ist es kein blinder Glaube, wenn ich von dessen Existenz überzeugt bin. Denn die brennende Glühbirne am Schreibtisch ist ein Beweis für das Vorhandensein von Strom.

Ich glaube auch daran, dass in meinem Zimmer zurzeit mindestens zehn bis zwanzig verschiedene Stimmen in der Luft sind, obwohl ich sie nicht hören kann. Dennoch ist mein Glaube kein blinder Glaube. Denn wenn ich das Radio einschalte, werden diese Wellen empfangen, und ich kann sie hören.

Windsurfer und Segler fragen oft voller Begeisterung: »Hast du heute den Wind gesehen?« Nun, ich habe den Wind noch nie gesehen, denn er ist nicht sichtbar. Und doch wäre es unvernünftig, nicht an die Realität von Wind zu glauben, denn wir sehen und spüren seine Kraft und Auswirkung, obwohl wir ihn selbst nicht sehen können.

Niemand zweifelt an der Existenz und Realität von Liebe. Obwohl ich nicht in der Lage bin, Liebe sichtbar auf den Tisch zu legen, und ich auch keine Messergebnisse über ihre Existenz vorzeigen kann, glaube ich doch an sie. Denn sie ist wirksam und sichtbar in Menschen, die sich lieben.

Wie erkenne ich die Realität von Strom, wenn er auch für das Auge unsichtbar ist? Anhand der brennenden Glühbirne!

Wie erkenne ich die Existenz von Radiowellen in meinem Raum, wenn sie auch für mein Ohr nicht vernehmbar sind? Durch den Radioempfänger.

Wie erkenne ich die Realität von Wind, auch wenn ich ihn noch nie gesehen habe? Durch das volle Segel und den gebogenen Baum.

Wie erkenne ich die Realität von Liebe, obwohl ich sie nicht messen kann? Indem ich ein Liebespaar beobachte.

Nun, wie erkenne ich die Existenz von einem Schöpfergott, obwohl ich ihn noch nie berührt habe und meine Augen ihn noch nie gesehen haben?

Zum Beispiel durch das Wunder der Schöpfung und in den Menschen, die im Glauben an ihn leben und die durch ihr Verhalten beweisen, dass Gott lebt.

Die Bibel sagt dazu Folgendes:

Römer 1,19+20: *»Denn was man von Gott weiß, ist ihnen offenbar; denn Gott hat es ihnen offenbart, damit Gottes unsichtbares Wesen, das ist seine ewige Kraft und Gottheit, gesehen wird, wenn man sie wahrnimmt, an den Werken, nämlich an der Schöpfung der Welt; sodass sie keine Entschuldigung haben …«*

Demnach ist ein Beweis der Existenz des unsichtbaren Gottes seine Schöpfung, von der DNA-Spirale bis hin zu den Galaxien im Weltall. Es ist meine tiefe Überzeugung, dass jeder Mensch, der unbelastet und unvoreingenommen über eine Almwiese wandert oder durch den Winterwald spaziert und die Schönheit wahrnimmt, eine Stimme in sich hört, die sagt: »Das alles hat ein weiser und liebevoller Gott gemacht.« In diesem Buch möchte ich mich jedoch eher auf die persönlichen Erfahrungen von Menschen mit Gott konzentrieren. Im elften Kapitel vom Hebräerbrief werden 18 Menschen namentlich genannt, die wir aus den Erzählungen des Alten Testamentes kennen. Das Leben dieser Menschen, sagt die Bibel, ist der lebendige Beweis für die Existenz Gottes. Der einleitende Vers zu diesem Kapitel ist ein viel zitierter und gleichzeitig häufig missverstandener Vers. Luther hat ihn folgendermaßen übersetzt:

Hebräer 11,1: *»Es ist aber der Glaube eine gewisse Zuversicht des, das man hofft, und ein Nichtzweifeln an dem, das man nicht sieht.«*

Meiner Meinung nach ist dies keine sehr gute Übersetzung, um das Wort »Glaube« zu beschreiben. Denn wenn Glaube bedeutet: »ein Nichtzweifeln an dem, was man nicht sieht«, dann kann man tatsächlich zu dem Schluss kommen, dass Glaube eine Art Selbsthypnose ist, da man keine Beweise hat. Leider ist das eine weitverbreitete Meinung.

In Schlatters Übersetzung lautet dieser Satz folgendermaßen:

Hebräer 11,1: *»Es ist aber der Glaube ein Beharren auf dem, was man hofft, eine Überzeugung von Tatsachen, die man nicht sieht.«*

Die Existenz Gottes ist eine Tatsache, obwohl man ihn nicht sieht

Obwohl ich Ihnen Strom, Radiowellen, Wind und Liebe nicht zeigen kann, ist ihre Existenz eine Tatsache, weil sie durch die brennende Glühbirne, den Radioempfänger, das volle Segel und das Liebespaar sichtbar werden.

Und obwohl ich Ihnen Gott nicht vorzeigen kann, ist seine Existenz eine Tatsache, sichtbar in Männern und Frauen, die im Vertrauen zu ihm leben. Ein Leben aus Glauben macht einen unsichtbaren Gott sichtbar. Wenn Menschen sehen, wie ein Mann des Glaubens sich in Not verhält, oder wie eine Frau des Glaubens unerschütterlich in ihrer Liebe ist, dann ist das ein Beweis der Existenz des unsichtbaren Gottes. Wir können in einem gläubigen Menschen »Gott in Aktion« sehen.

Ein Leben aus Glauben macht einen unsichtbaren Gott sichtbar.

Wenn Sie Liebe auf einen chemischen Vorgang reduzieren möchten, so ist es dennoch schwer wegzuerklären, warum jemand aus Liebe sein Leben für einen anderen Menschen gibt.

Ein 30-jähriger Mann, der Gott aus seinem Leben ausgeklammert hatte, hat einmal gesagt: »Ich habe intellektuell und rational kein Problem, mein Leben ohne Gott zu verstehen, aber ich kann meinen gläubigen Vater nicht wegerklären.«

Nun besteht ein Unterschied zwischen der Beweisführung über die Existenz von Strom, Radiowellen oder Wind und der Beweisführung über die Existenz von Liebe oder Gott. Dass die Glühbirne wegen Strom brennt, kann im Prinzip jeder Mensch überprüfen und beweisen, indem er die Birne aus der Fassung dreht, den Schalter bedient oder sie an eine andere Stromquelle anschließt. Wir haben es hier mit einem wiederholbaren naturwissenschaftlichen Beweis zu tun. In Bezug auf die Existenz von Liebe und der Frage nach Gott haben wir es hingegen mit einem historisch-juristischen

Beweis zu tun. Das heißt, dass wir aufgrund von Zeugenberichten oder Indizien zu einem bestimmten Schluss kommen.

Ich muss mich persönlich auf Gott einlassen, um Gewissheit über seine Existenz zu bekommen.

Wir können die Tatsache der Existenz von Liebe oder die eines unsichtbaren Gottes letztlich nur durch unsere persönliche Erfahrung finden. Wenn ich ein Liebespaar beobachte, komme ich wahrscheinlich zu dem Schluss, dass etwas wie Liebe existiert. Ich werde die volle Überzeugung über die Existenz von Liebe aber erst dann haben, wenn ich mich auf meinen Partner einlasse und die Liebe im eigenen Leben erfahre. Um Gott nicht nur zu erahnen, sondern auch von ihm überzeugt zu sein, muss ich mich auf ihn einlassen. Christ zu sein bedeutet, Gott persönlich zu kennen. Es ist theologisch richtig, wenn ein Mensch glaubt, dass Gott allwissend, allgegenwärtig und allmächtig ist. Doch dieses Wissen allein bringt ihm Gott noch nicht nahe. In den biblischen Berichten wird Gott stets erfahren und beschrieben als der Lebendige; ein Gott, der in den Alltag der Menschen eingreift, der an unserem Wohlergehen interessiert ist und der uns liebt.

Ich muss mich persönlich auf Gott einlassen, um Gewissheit über seine Existenz zu bekommen.

Als Gott den Gehorsam Abrahams auf die Probe stellte und Abraham seinen einzigen Sohn Isaak auf dem Berg Morija opfern sollte, da stellte Gott letztlich einen Widder als Opfer zur Verfügung, der sich im Dornengestrüpp verfangen hatte. Wir wissen nicht genau, was in den Gedanken Abrahams in diesen drei Tagen vor sich gegangen ist. Wir wissen nur, dass er auf Gott vertraute und damit rechnete, dass Gott eingreift und wenn nötig seinen Sohn Isaak wieder von den Toten auferweckt (Hebr. 11,19). Als Abraham das Messer hob, um seinen Sohn zu töten, hörte er die Stimme Gottes sagen: »Tue ihm nichts!« Daraufhin sahen sie den Widder, festgehalten im Gestrüpp, und opferten ihn anstelle von

Isaak. Abraham gab diesem Platz einen speziellen Namen, nämlich »Jahwe-jireh«, was so viel bedeutet wie »der Herr wird ersehen« oder »der Herr wird dafür sorgen«.[1]

Für Abraham war es ab diesem Zeitpunkt nicht nur eine theologische Richtigkeit, dass Gott die Menschen versorgt, sondern er hat am eigenen Leib erfahren, wie sehr Gott um ihn besorgt war. Darum bedeutet Glauben nicht nur eine intellektuelle Übereinstimmung mit dem, was die Bibel sagt, sondern ist vielmehr eine persönliche Hingabe an den lebendigen Gott, der von seinen Kindern erfahren werden will.

Darum bedeutet Glauben nicht nur eine intellektuelle Übereinstimmung mit dem, was die Bibel sagt, sondern ist vielmehr eine persönliche Hingabe an den lebendigen Gott.

Wenn wir zum Beispiel im 1. Petrusbrief 5,7 (Luther) lesen: *»Alle eure Sorge werft auf ihn, denn er sorgt für euch«*, dann heißt das nicht nur, dass Gott allgemein für seine Menschenkinder sorgt, sondern vielmehr, dass ich als sein Kind dieses Wort Gottes ganz ernst nehmen darf und ihm tatsächlich täglich meine Sorgen geben kann, weil er sich um mich kümmert.

Und damit kommen wir zum nächsten Kapitel, wo wir uns damit beschäftigen, warum Gott uns überhaupt erschaffen hat. Die Antwort lautet: Um in einer intimen Gemeinschaft mit ihm zu leben.

[1] Diese Geschichte ist nachzulesen in 1. Mose 22,1-15

KAPITEL 2
Gemeinschaft mit Gott

Ich gehe regelmäßig abends spazieren und spreche dabei mit meinem Herrn. Dabei ergeht es mir oft wie König David, der überwältigt war vom Sternenhimmel, der von der Größe Gottes zeugt. Ich lese gern Bücher über unser Universum und tue mich schwer zu glauben, dass unser blauer Planet rein zufällig im richtigen Abstand zur Sonne steht, sich rein zufällig mit der rechten Geschwindigkeit um die eigene Achse dreht und er rein zufällig ein ausreichendes Magnetfeld um sich besitzt, damit Leben überhaupt ermöglicht wird.

Beim Beobachten des Mondes und der Milchstraße entsteht in mir meistens eine enorme Ehrfurcht und Wertschätzung dem Gott gegenüber, der das alles geschaffen hat. Allerdings, als ich vor Jahren wieder einmal zu Fuß mit Gott unterwegs war und ich mir die unvorstellbare Größe der Galaxien und des bis heute bekannten Universums durch den Kopf gehen ließ, empfand ich plötzlich noch etwas ganz anderes. Im Vergleich zu dieser gigantischen, nicht erfassbaren Größe des Universums kam ich mir plötzlich total klein, völlig unwichtig, ja – eigentlich nicht existent vor. Ich meine, global gesehen ist es doch völlig egal, ob ich Männlein nun existiere oder nicht.

Mich fasziniert seit Langem das Foto, welches ein Astronaut vom Mond aus von unserer Erde gemacht hat. Aus dieser Perspektive ist es eigentlich ziemlich irrelevant, ob ein Mensch Bankdirektor oder Automechaniker, Manager oder Busfahrer ist. Es würde auch kein bisschen auffallen, ob ich nun existiere oder nicht. Diese »Nichtexistenz« vom Blickpunkt des Himmels aus hat mich damals sehr bedrückt und fast zur Verzweiflung gebracht, weil ich mich fragte: Wozu existiere ich überhaupt? Warum lebe ich? Wer bin ich?

Unser Blauer Planet »Erde«

An diesem selben Abend las ich Psalm 8, in dem König David beinahe dasselbe Erlebnis beschreibt, jedoch zu einem anderen Ergebnis kommt.

Psalm 8,4-6: »*Wenn ich anschaue deine Himmel, deiner Finger Werk, den Mond und die Sterne, die du bereitet hast:*Was ist der Mensch, dass du seiner gedenkst, und des Menschen Sohn, dass du dich um ihn kümmerst? *Denn du hast ihn wenig geringer gemacht als Engel,* mit Herrlichkeit und Pracht krönst du ihn.«

Was ist der Mensch?

Im Angesicht der Größe des Universums sah David, wie unbedeutend sein Leben ist, obwohl er ein König war. Aber er sah noch etwas anderes, etwas, das ihn aus der Nichtexistenz heraushob. Dieser Gott, der die Galaxien geschaffen hat, war mit seinen Gedanken bei David und hatte ein tiefes, persönliches Interesse an ihm als seinem Kind. Darum hat Gott, als er den Menschen schuf, gesagt: »Sehr gut!«, denn mit diesem Wesen konnte er spazieren gehen, sich austauschen, seine Liebe an ihn verschwenden. Mit einem Wort: Gott konnte Gemeinschaft mit den Menschen haben. Der Mensch ist nicht deshalb die Krönung der Schöpfung, weil er besser, klüger, schöner oder kreativer ist als die Tiere. Der einzige Grund, warum der Mensch aus aller Schöpfung herausragt, ist, weil er Gemeinschaft mit dem Schöpfer pflegen kann, mit ihm spazieren gehen, mit ihm reden und auf ihn hören kann. Kurz gesagt: Der Mensch ist ein geistliches Wesen und besteht in seiner Gesamtheit, wie wir in der Bibel lesen, aus Geist, Seele und Körper.

Interessanterweise kommt man inzwischen auch in der Psychologie, Soziologie und Pädagogik zu dem Schluss, dass der Mensch ein zutiefst religiöses Wesen ist.

Zu Beginn des 20. Jahrhunderts begann man, sich ausschließlich mit dem »IQ«, dem Intelligenzquotienten des Menschen zu beschäftigen, und der Mensch wurde dabei fast zu einem »rationalen Tier« degradiert. Seit den 90er-Jahren wird der Begriff »EQ«, der Emotionale Quotient im Menschen, immer öfter gebraucht. Man erkannte nämlich, dass Intelligenz erst dann richtig eingesetzt wird, wenn der Mensch seine Emotionen mit einbezieht. Oft appelliert unser Gefühl an die Vernunft, wenn wir zwar gedanklich von etwas überzeugt sind, uns jedoch eine »innere Stimme« sagt: »Überlege es dir noch einmal, denk noch mal drüber nach etc.« Jetzt, zu Beginn des 21. Jahrhunderts, gewinnt ein dritter Begriff an Popularität, nämlich der »SQ«, der Spirituelle Quotient. Das kommt daher, weil in unserer postmodernen Gesellschaft die Sinnfrage wieder ganz neu gestellt wird.

Jetzt, zu Beginn des 21. Jahrhunderts, gewinnt ein dritter Begriff an Popularität, nämlich der »SQ«, der Spirituelle Quotient.

Das Bemerkenswerte bei dieser Dreiteilung ist, dass selbst Computer einen IQ besitzen, höher entwickelte Tiere mit einem EQ ausgestattet sind, jedoch einzig und alleine der Mensch mit einem SQ geschaffen wurde. Nur der Mensch sucht nach einem tieferen Sinn im Leben, nach etwas, das außerhalb von ihm selbst ist, nach Transzendenz oder, wie die Bibel es definiert, nach Ewigkeit.

Im Buch Prediger hat dies der Schreiber wunderbar definiert: *»Gott hat die Ewigkeit in unser Herz gelegt«* (Pred. 3,11). Diese Ewigkeit im Menschen ist das »geistliche Vakuum«, welches einzig und allein durch den ewigen Gott, welcher Geist ist, erfüllt werden kann.

Das Motto unserer Arbeit am Tauernhof haben wir aus dem Brief von Paulus an die Thessalonicher (1. Thess. 5,23) entliehen: »Körper – Seele – Geist«. Allerdings ist die Reihenfolge in der Bibel umgekehrt, nämlich »Geist – Seele – Körper«. Denn der Geist ist der gewichtigste Teil im Menschen, weil wir bloß durch ihn wieder in die Gemeinschaft zu Gott zurückfinden können. Es ist der Geist, der den Menschen zum Menschen macht und ihn von allen anderen Kreaturen unterscheidet.

Das Paradies

Als Menschen sind wir berufen, in der Gemeinschaft mit dem lebendigen Gott zu leben. Das bezeugt die Bibel von der ersten bis zur letzen Seite.

Ganz am Anfang, im Buch Genesis[2] (1. Mose), wird beschrieben, wie Gott im Paradies den Menschen schuf und mit ihm in der »Kühle des Abends« spazieren ging (1. Mose 3,8)[3]. Ich persönlich

2 Genesis heißt »Am Anfang«

3 Der frühe Abend ist immer die schönste Zeit für Gemeinschaft. Wenn man sich hinsetzt, müde von der Arbeit des Tages und zusammen ein Glas Wein oder einen Kaffee trinkt und plaudert. Darum forderten die Emmaus-Jünger den Herrn Jesus auf: »Bleibe bei uns! Denn es ist gegen Abend, und der Tag hat sich schon geneiget« (Lk. 24,29).

glaube nicht, dass Gott wie ein Mensch mit Adam spazieren ging, denn die Bibel bezeugt, dass Gott Geist ist und deshalb unsichtbar. Aber Adam war geistlich völlig eins mit seinem Schöpfer und lebte somit in der ständigen Gegenwart Gottes. Im Paradies zu leben heißt ganz einfach, in der ungetrübten Gegenwart Gottes und in seiner perfekten Schöpfung zu leben. Der Garten Gottes wird im 2. Kapitel der Bibel (1. Mose 2) beschrieben und es muss ein wunderbarer Ort gewesen sein. Ein Garten voll mit Tieren, Flüssen, fruchtbarer Erde, Edelsteinen und Tausenden Bäumen, von denen der Mensch essen konnte – es war ein Garten voller Leben. Doch nicht nur das. Gott gab dem Menschen die Möglichkeit, unendlich kreativ zu sein. Der Mensch wurde nie geschaffen, um nur dazusitzen, sondern um sich voll mit in die Schöpfung einzubringen. So bewirtschaftete Adam den Garten, erfand Werkzeuge und Musikinstrumente und baute sich ein Haus. Dann sah Gott, dass Adam »allein« war, und schuf die Frau, wörtlich: »einen Menschen, wie er selbst«. Mann und Frau waren von Anfang an geschaffen, um sich gegenseitig zu reflektieren und zu komplettieren. Adam hatte nun einen »Kameraden« an seiner Seite, mit dem er alles teilen konnte, mit dem er eins wurde. Wir lesen in 1. Mose 2,24: *»Darum wird ein Mann seinen Vater und seine Mutter verlassen und seiner Frau anhängen, und sie werden zu einem Fleisch werden.«*

Das Leben im Garten, in Gottes Garten, war tatsächlich »himmlisch«. Denn Adam und Eva hatten nicht nur eine intime Gemeinschaft miteinander, in der sie sich in allen Bereichen des Lebens ergänzten (geistlich, intellektuell, emotional und körperlich), sondern erfreuten sich an der ständigen Gegenwart ihres Schöpfers. Gott gab dem Menschen noch etwas, nämlich einen freien Willen, um Entscheidungen zu treffen. Denn der Mensch war geschaffen im »Bilde Gottes« und das beinhaltet die Freiheit, sich zu entscheiden. Eine Liebesbeziehung ist nur dann eine echte Beziehung, wenn ich die Freiheit zur Wahl habe. Aus diesem Grund hat Gott inmitten Tausender Obstbäume zwei besondere Bäume in den Garten gestellt, den Baum des Lebens und den Baum der Erkenntnis über das Gute und das Böse. Über diese Bäume sagte Gott Folgendes: *»Und Gott, der HERR, gebot dem Menschen und sprach: Von jedem Baum des Gartens darfst du essen; aber vom Baum der Erkenntnis des Guten und Bösen, davon darfst du nicht essen; denn an dem Tag, da du davon isst, musst du sterben«* (1. Mose 2,16+17).

Das verlorene Paradies

Gott musste diesen Baum in das Paradies stellen, denn sonst wäre der Mensch kein Abbild Gottes gewesen. Die Geschehnisse mit diesem Baum, vor dem Gott den Menschen warnte, sind ein Bild dafür, was passiert, wenn der Mensch seine eigene Autorität über die von Gott stellt. Sie sind ein Bild dafür, dass der Mensch aus eigener Kraft und Intelligenz das tun und sein wollte, was nur der Geist Gottes bewirken kann.

Die Geschehnisse mit diesem Baum, vor dem Gott den Menschen warnte, sind ein Bild dafür, was passiert, wenn der Mensch seine eigene Autorität über die von Gott stellt.

Gott hatte die Absicht, gemeinsam mit dem Menschen in »Teamwork« zusammenzuarbeiten, jedoch Satan, der Feind Gottes, wollte diese Gemeinschaft zerstören. Damit der Rest der Geschichte Gottes mit den Menschen einen Sinn ergibt, müssen wir unbedingt das 3. Kapitel der Bibel verstehen lernen.

»Und die Schlange war listiger als alle Tiere des Feldes, die Gott, der HERR, gemacht hatte; und sie sprach zu der Frau: Hat Gott wirklich gesagt: Von den Bäumen des Gartens dürft ihr nichts essen? Da sagte die Frau zur Schlange: Von den Früchten der Bäume des Gartens essen wir; aber von den Früchten des Baumes, der in der Mitte des Gartens steht, hat Gott gesagt: ›Ihr sollt nicht davon essen und sollt sie nicht berühren, damit ihr nicht sterbt!‹ Da sagte die Schlange

zur Frau: Keineswegs werdet ihr sterben! Sondern Gott weiß, dass an dem Tag, da ihr davon esst, eure Augen aufgetan werden und ihr sein werdet wie Gott, erkennend Gutes und Böses. Und die Frau sah, dass der Baum gut zur Speise und dass er eine Lust für die Augen und dass der Baum begehrenswert war, Einsicht zu geben; und sie nahm von seiner Frucht und aß, und sie gab auch ihrem Mann bei ihr, und er aß« (1. Mose 3,1-6).

Satan, in Form einer listigen Schlange, kommt zu Eva und sagt ungefähr Folgendes:

»Du und dein Mann, ihr seid doch kluge Köpfe! Ihr müsst nicht unter dem Licht vom Geist Gottes leben. Ihr könnt euch die Welt selbst gestalten. Ihr seid frei! Adam könnte als der größte Held in die Menschheitsgeschichte eingehen. Ihr braucht Gott nicht als euren Vater. Ihr seid erwachsene Menschen. Ihr könnt selbst bestimmen, was gut und böse ist. Ihr könnt euer eigenes Leben gestalten. Ihr könnt so sein wie Gott - auch ohne Gott!« Dieses Angebot hat Eva gefallen. Und Adam hatte auch nichts dagegen.

Als Gott an diesem Abend zum vereinbarten Treffpunkt kam, um mit Adam und Eva spazieren zu gehen, waren sie nicht mehr anzutreffen. Daraufhin rief Gott in den Garten hinein: »Adam, wo bist du? (1. Mose 3,9). Es ist Kaffeezeit!«

Natürlich wusste Gott, wo Adam sich in diesem Moment körperlich befand. Aber der Mensch, den Gott in seinem eigenen Ebenbild als geistliches Wesen geschaffen hatte, um in Gemeinschaft mit ihm zu leben, hatte diese Beziehung zu Gott abgebrochen. Nicht dass er ganz ohne Gott sein wollte, aber er wollte sein Leben unabhängig von Gott gestalten. Somit hat Adam, der erste Mensch, die liebevolle Gemeinschaft mit Gott zerstört.

»Ihr könnt selbst bestimmen, was gut und böse ist. Ihr könnt euer eigenes Leben gestalten. Ihr könnt so sein wie Gott – auch ohne Gott!«

Von diesem Moment an begab sich Gott auf die Suche nach den Menschen, um diese intime Gemeinschaft wiederherzustellen. Gott sei Dank können wir sie wiedererlangen, und zwar durch einen zweiten Adam, Gottes Sohn Jesus Christus[4], der diese Gemeinschaft zwischen Mensch und Gott zurückgekauft hat, in einem anderen Garten, dem Garten Gethsemane. In Christus ruft Gott noch heute in aller Welt den Menschen zu: »*Adam, Mensch, wo bist du?*«

»Adam, Mensch, wo bist du?«

Denn Gott hat den Menschen nur zu einem Zweck geschaffen – zur engen, persönlichen Gemeinschaft mit ihm selbst.

Mit Gott wandeln

In 1. Mose 5 wird eine ziemlich langweilige Ahnenreihe von Adam bis Noah beschrieben. Achtmal lesen wir: »Und Soundso zeugte Söhne und Töchter und wurde soundso alt und danach starb er«. Dieser Satz wiederholt sich achtmal, jeweils mit anderen Namen und anderem Alter, was das Kapitel jedoch nicht spannender gestaltet. Geboren, gezeugt, gestorben. Geboren, gezeugt, gestorben.

Aber dann, in Vers 24, steht noch etwas anderes:

1. Mose 5,24: »*Und* Henoch wandelte mit Gott; *und er war nicht mehr da, denn Gott nahm ihn hinweg.*«

Henoch wandelte mit Gott, er spazierte mit Gott, er hatte intime Gemeinschaft mit Gott. Alle anderen sind geboren, haben gelebt und gezeugt und sind gestorben. Henoch spazierte mit Gott durch sein Leben und darum war er jemand Besonderes für Gott.[5]

Auch Sie und ich, selbst als bekennende Christen, können entweder geboren werden, zeugen, unsere Jahre leben und dann sterben oder wir können lernen, mit Gott durch das Leben zu wandeln, Gott in unseren Alltag mit einzubeziehen, mit Gott spazieren zu

4 1. Kor. 15,45

5 Das zeigt übrigens, dass die »langweiligen« Kapitel der Bibel oftmals die spannendsten Kapitel sind. Solche Kapitel kann man nicht lesen, sondern man muss sie studieren. Manchmal werden sie dann zu unseren Lieblingskapiteln!

gehen. Denn genau dazu hat Gott uns berufen. Paulus formuliert es in seinem Brief an die Korinther so:

1. Korinther 1,9: *»Gott ist treu, durch den ihr berufen worden seid* in die Gemeinschaft seines Sohnes Jesus Christus, *unseres Herrn.«*

In 1. Mose 10 lesen wir, dass Gott »wohnte im Zelt von Sem«, dem Sohn von Noah. Ich habe durch meinen Beruf als Bergführer schon viele Wochen, ja Monate im Zelt verbracht. Neben den gelegentlichen Überflutungen bei Gewittern, dem einfachen Lebensstil und den stinkenden Schuhen und Socken nach mehreren Tagen ist die enge Gemeinschaft ein Hauptmerkmal beim Zelten. Gott hat immer mit Menschen »gezeltet«, denn er war immer auf enge Gemeinschaft mit seinen Menschenkindern bedacht.

Im Johannesevangelium lesen wir in Kapitel 1,14 über Jesus Christus: *»Und Gott wurde Mensch (wörtlich: das Wort wurde Fleisch) und er wohnte unter uns.«* Das Wort »wohnen« aus dem Griechischen bedeutet eigentlich »zelten«. Das heißt, Jesus Christus zeltete unter uns. Er kam, um als Mensch in engster Gemeinschaft mit den Menschen zu wohnen, um ihnen von der Liebe des Vaters und seiner Sehnsucht nach Beziehung mit den Menschen zu erzählen.

Als Gott sein Volk Israel aus Ägypten führte, wohnte er mitten unter seinen Kindern, die er aus der Sklaverei gerettet hatte, um sie in das versprochene Land Israel zu bringen. Während der Zeit in der Wüste begegnete Gott Mose und Aaron im »Zelt der Zusammenkunft«. Dieser Ausdruck kommt Dutzende Male im Alten Testament vor und verdeutlicht wiederum Gottes Wunsch nach enger Gemeinschaft (z. B. 2. Mose 27,21).

Das Zelt Gottes bei den Menschen

Am tiefsten berührt hat mich jedoch die Stelle im letzten Buch der Bibel, das vorletzte Kapitel im Buch der Offenbarung. Dort beschreibt Johannes eine Vision von Gott über den neuen Himmel und die neue Erde. Das Allererste, das Gott in der neuen Weltordnung nennt, ist Folgendes:

Offenbarung 21,1-4: »*Und ich sah einen neuen Himmel und eine neue Erde; denn der erste Himmel und die erste Erde waren vergangen, und das Meer ist nicht mehr … Und ich hörte eine laute Stimme vom Thron her sagen:* Siehe, das Zelt Gottes bei den Menschen! *Und er wird bei ihnen wohnen, und sie werden sein Volk sein, und Gott selbst wird bei ihnen sein, ihr Gott. Und er wird jede Träne von ihren Augen abwischen, und der Tod wird nicht mehr sein, noch Trauer, noch Geschrei, noch Schmerz wird mehr sein: denn das Erste ist vergangen.*«

Ein entscheidendes Kennzeichen in der neuen Weltordnung wird sein, dass wir Menschen mit Gott zelten.

Ein entscheidendes Kennzeichen in der neuen Weltordnung wird sein, dass wir Menschen mit Gott zelten, in einer engen Gemeinschaft mit ihm leben. Denn dazu hat Gott den Menschen geschaffen – ausschließlich.

Davids tiefstes Verlangen

Besonders anschaulich erkennen wir Gottes Sehnsucht nach Gemeinschaft im Leben vom König David, insbesondere im Vergleich mit seinem Sohn Salomo. Gott gewährte Salomo die Erfüllung eines Wunsches. Salomo erbat sich Weisheit, um das Volk recht regieren zu können (1. Kön. 3,9). Gott war erfreut über diesen Wunsch und gab Salomo mehr Weisheit als allen anderen Königen. Unter seiner Führung wurde der Tempel gebaut, Priester, Heeresführer und Landesfürsten wurden eingesetzt und das Land freute sich für viele Jahre über den Frieden. Von Salomos Regierung wird berichtet in 1. Könige 4,20-5,1: »*Juda und Israel waren an Menge so zahlreich wie der Sand am Meer. Sie aßen und tranken und waren fröhlich. Und Salomo war Herrscher über alle*

Königreiche, vom Euphrat-Strom an bis zu dem Land der Philister und bis an die Grenze Ägyptens; sie entrichteten Tribut und dienten Salomo alle Tage seines Lebens.« Das empfinde ich als ein gutes Zeugnis über einen gerechten und weisen König.

Schauen wir uns im Vergleich dazu seinen Vater David an. Während seiner Regierungszeit gab es kaum Frieden. David war ein »Mann des Krieges« und es floss viel Blut. Aus diesem Grund war es ihm verwehrt, den Tempel zu bauen. Er war kein besonders guter Ehemann und ein noch schlechterer Vater. Sein eigener Sohn wollte ihn stürzen und töten und so musste er vor seinem Sohn Absalom fliehen. Er tanzte nackt durch Jerusalem, war ein Ehebrecher und wurde dabei sogar zum Mörder.

Auf sehr vielen Seiten in der Bibel wird Davids Name erwähnt. Er kommt 860-mal vor und die meiste Zeit wird David als Vorbild für alle Gläubigen beschrieben.

Interessanterweise hören wir aber nicht mehr allzu viel über Salomo, seinen weisen Sohn. Wir wissen, dass sein jährliches Einkommen aus 666 Talenten Gold bestand (1. Kön. 10,14) und dass er sehr weise war.

Ich habe mich gefragt: Warum wird David, ein Mann des Krieges, so oft und so positiv in der Bibel erwähnt und warum hören wir relativ wenig von Salomo, dem weisen König?

Als Gott Salomo nach seinem Wunsch fragt, wählt dieser Weisheit. In Psalm 27 beschreibt David seinen einzigen Wunsch für sein Leben: *»Eins habe ich vom HERRN erbeten, danach trachte ich: zu wohnen im Haus des Herrn alle* Tage meines Lebens, *um anzuschauen die Freundlichkeit des HERRN und nachzudenken in seinem Tempel.« David hatte nur einen einzigen Wunsch: sein ganzes Leben in der Gemeinschaft mit seinem Gott zu leben. Und darum sagt Gott über das Leben Davids: »Das ist ein Mann nach meinem eigenen Herzen!«* (Apg. 13,22). Dies war nicht darin begründet, dass David

David hatte nur einen einzigen Wunsch: sein ganzes Leben in der Gemeinschaft mit seinem Gott zu leben.

vollkommen war oder einen besonders guten Charakter hatte, sondern darin, dass er sich nach der Gemeinschaft mit Gott sehnte, mehr als nach allem anderen. Gott will gar nicht in erster Linie Ihren Gehorsam, Ihre Hingabe, Ihren reinen Charakter oder Ihre Tugenden. Gott sucht in erster Linie die Gemeinschaft mit Ihnen. In dieser intimen Gemeinschaft mit Gott entsteht dann die Frucht des Heiligen Geistes wie Liebe, Freude, Friede, Geduld, Freundlichkeit, Güte, Treue, Sanftmut, Keuschheit (Gal. 5,22+23).

Möchten Sie gerne ein Mann, eine Frau nach Gottes eigenem Herzen sein? Wenn ja, dann gehen Sie mit Jesus spazieren, trinken Sie Kaffee mit ihm und genießen Sie seine Gegenwart.

Der Psalmist sagt in Psalm 84,11: *»Denn ein Tag in deinen Vorhöfen ist besser als sonst tausend.«* Das heißt, einen Tag zusammen mit Gott zu verbringen ist besser als 1 000 Tage Skifahren ohne Gott. Ein Tag in der Gemeinschaft mit Gott ist besser, als 1 000 Tage ohne ihn am Strand zu liegen.

In den folgenden Kapiteln werden wir noch mehr darauf eingehen, wie diese Gemeinschaft mit Gott im Alltag gelebt werden kann.

KAPITEL 3

Gemeinschaft heißt: an Gott denken

Das Buch der Erinnerung

Im Tauernhof liegt ein Buch mit dem Titel »Das Buch der Erinnerung«. Darin dürfen sich alle Gäste und Studenten eintragen, die bei uns eine besondere, einschneidende Entscheidung für Gott getroffen haben. Es tragen sich manche hier ein, die ihr Leben zum ersten Mal ganz in die Hand Gottes gelegt haben, oder solche, die in verschiedenen Bereichen ihres Lebens einen neuen Anfang mit ihrem Schöpfer gemacht haben. Den Titel »Buch der Erinnerung« haben wir uns aus dem Buch des Propheten Maleachi entliehen, wo wir lesen: *»Die Gottesfürchtigen trösten sich untereinander: Der HERR merkt und hört es, und vor ihm ist* ein Gedenkbuch für die, die den HERRN fürchten und an seinen Namen gedenken« (Mal. 3,16 – Luther).

Enge Gemeinschaft bedeutet also: an Gott zu denken.

In der Bibel werden verschiedene Bücher beschrieben, wie z. B. das »Buch des Lebens« oder das »Buch der Kriege des Herrn«. Im Gedenkbuch wird Ihr Name immer dann eingetragen, wenn Sie an den Namen des Herrn denken. Das heißt, jedes Mal wenn Sie an Gott denken, wird Ihr Name darin eingetragen; in diesem Buch können wir tatsächlich »Punkte sammeln«. Enge Gemeinschaft bedeutet also: an Gott zu denken.

Nach dem »Amen« rede weiter

Wie oft habe ich morgens beim Frühstück zu Gott gebetet und nach dem »Amen« meine geistliche Antenne eingezogen, bis ich spätabends wieder ein paar Sätze zu ihm gesprochen habe. Das Wort »Amen« war für mich meist das Ende der Unterhaltung mit Gott und ich lebte den ganzen Tag über mehr oder weniger, ohne bewusst an ihn zu denken. Ich bezog Gott kaum mit ein, wenn es tagsüber um praktische Entscheidungen ging. Ich wunderte mich zwar oft, warum ich so wenig mit Gott im Alltag erlebte, erkannte aber nicht, dass ich ihn eigentlich nirgends zu Wort kommen ließ und ihn im Arbeitsalltag nicht mit einbezog. Ich dachte kaum an ihn und wendete mich so gut wie nie an ihn, wenn es etwa darum ging, eine Rechnung zu bezahlen, ein Mitarbeitergespräch zu führen oder einen neuen Kopierer zu kaufen. Nun will ich mich täglich darin üben, nach dem »Amen« im Gebet weiter mit Gott zu reden, das »Amen« nicht als Schlusspunkt, sondern als Komma zu sehen. »Amen« heißt ja nicht »Ende«, sondern bedeutet »so ist es«. Versuchen Sie einmal, bewusst das »Amen« im Gebet mit den Worten »so ist es« zu ersetzen. Damit erinnern Sie sich daran, nach dem Komma weiter mit Gott zu reden, weiter an ihn zu denken. Ich habe festgestellt, dass dieses »An-Gott-Denken« keine leichte Übung ist, sondern ich dafür oftmals meine ganze Willenskraft aufwenden muss. Doch es ist eine Anstrengung, die ich noch kein einziges Mal bereut habe. Denn indem ich mit Gott rede, praktiziere ich die erhabenste Tat, die einem Menschen möglich ist: Ich kommuniziere mit dem Gott des Universums, ich bin auf »Du« mit dem Schöpfer aller Dinge.

Ein kleines, englisches Büchlein, »Practicing His Presence«, war mir in dieser Beziehung schon oft eine große Ermutigung. Darin sind einige Briefe von Bruder Lawrence (Nicholas Herman) aufgeschrieben worden. Die letzten 25 Jahre seines Lebens (er starb 1691) arbeitete er in einem Kloster in Paris, wo er vor allem als

Koch in der Spitalsküche tätig war. Ich möchte hier einen Auszug aus einem seiner Briefe zitieren (frei von mir ins Deutsche übersetzt):[6]

Bruder Lawrence

»Ich will dir frei von Herzen erzählen, wie ich vor Gott komme. Alles hängt davon ab, dass du auf jene Dinge verzichtest, welche dich nicht zu Gott führen. Du musst dich daran gewöhnen, im ständigen Gespräch mit Gott zu bleiben – ein Gespräch ganz einfach und simpel. Wir müssen uns der intimen Gegenwart Gottes in unserem Leben stets bewusst sein und uns in jedem Moment an ihn wenden. In Dingen, wo wir Zweifel haben, müssen wir um seinen Beistand bitten, um seinen Willen zu erkennen. Und jene Dinge, die wir klar als seinen Willen erkennen, sollen wir mit Sorgfalt erledigen. In diesem Streben nach Gott sollten wir ihm alles darlegen, bevor wir zur Aktion schreiten, und ihm danken, wenn es vollbracht ist. Wir sollten uns nicht wegen unserer Sünden entmutigen lassen, sondern um Gottes Gnade bitten und uns auf die unendliche Barmherzigkeit von Jesus Christus verlassen. Gott hat keine Schwierigkeiten, uns jede falsche Tat zu vergeben. Ich darf die Gnade Gottes immer wahrnehmen und ich bin niemals ohne Erkenntnis seiner Gnade, es sei denn, dass meine Gedanken von der Gegenwart Gottes abgeschweift sind oder ich wieder vergessen habe, ihn bei meiner Arbeit um Hilfe zu bitten. Wenn wir darauf bedacht sind, Gott zu gefallen, wird er stets Licht in unser Zweifeln bringen. Die beste Methode, die ich gefunden habe, ist, mit den alltäglichen Dingen zu Gott zu gehen, ohne

Du musst dich daran gewöhnen, im ständigen Gespräch mit Gott zu bleiben.

6 Brother Lawrence & Frank Laubach, Practicing His Presence, 1973, Georgia USA, The Seed Sowers, Seite 55-56

zu versuchen, Menschen zu gefallen, und, soweit es mir möglich ist, es allein aus Liebe zu Gott zu tun. Es ist ein großer Fehler zu glauben, dass die Zeiten des Gebets spezieller sind als andere Zeiten. Wir sind verpflichtet, in Zeiten unserer Geschäftigkeit an Gott festzuhalten, genauso wie wir uns in Zeiten der Stille und des Gebets an ihn wenden sollten.«

Es ist ein großer Fehler zu glauben, dass die Zeiten des Gebets spezieller sind als andere Zeiten.

Es ist eine Sache, die Wahrheit zu kennen, und eine andere, in ihr zu leben. Damit ich die Wahrheit nicht nur kenne, sondern täglich »in der Wahrheit wandle«, muss ich lernen, Gott in meinen alltäglichen Aktivitäten mit einzubeziehen. Darum sagt der Apostel Johannes so eindrücklich in 2. Johannes 1,4: *»Ich habe mich sehr gefreut, dass ich von deinen Kindern einige gefunden habe, die* in der Wahrheit wandeln …«

Beziehung im Sturm und auf stiller See

Eine meiner Lieblingsgeschichten steht in Markus 4, wo die Jünger mit Jesus über den See fahren. Sie geraten in einen lebensbedrohlichen Sturm, den Jesus stillt.[7] Warum hat Jesus geschlafen, während die Jünger mit aller Kraft versuchten, das Boot und ihr Leben zu retten? Anfangs war der See noch ruhig, kein Problem, keine Gefahr für die Jünger. Und Jesus schlief. Die Jünger hatten alles unter Kontrolle. Dann kam der Sturm auf. Auch jetzt sahen die Jünger noch keine Veranlassung, Jesus zu wecken. Als erfahrene Seemänner hatten sie immer noch alles im Griff. Jesus konnte ruhig weiterschlafen. Erst als sie erkannten, dass sie diesem Sturm, trotz all ihrer Erfahrung, nicht gewachsen waren, weckten sie Jesus in ihrer Todesangst.

---

[7] Markus 4,35-41

Was lernen wir daraus? Solange wir unser Leben selbst im Griff haben, schläft Jesus. Solange wir selbst mit allem fertigwerden, gibt es keinen Grund für Jesus einzuschreiten. Jesus will nicht nur geweckt werden, wenn wir in Todesängsten sind und »sonst nichts mehr hilft«, sondern er möchte unser Herr, Heiland, Freund und Retter sein, auf stiller See, am Beginn eines Sturmes und durch den Sturm hindurch.

Solange wir unser Leben selbst im Griff haben, schläft Jesus.

Sind wir nicht manchmal genauso wie die Jünger? Wir denken nicht an Gott, wir reden und hören kaum auf ihn, wenn die See ruhig ist. Wir haben unser Leben fest in der Hand und, ehrlich gesagt, wir kommen im Alltag ganz gut ohne Gott zurecht. Oftmals rufen wir erst dann zu Gott, wenn es uns ganz dreckig geht, und wundern uns, warum Gott so lange geschlafen hat. Wir konzentrieren uns nur auf unsere eigenen Möglichkeiten und auf unser eigenes Können, anstatt an Gott zu denken. Wir vergessen, dass der Allmächtige Gott bei uns ist, Christus in uns lebt und immer für uns ist.

Wozu Gott uns »gebaut« hat

Nicht selten fühle ich mich von Gott verlassen, leer und ausgebrannt. So wie die Jünger im Boot rufe ich schließlich zu Gott: »Kümmert es dich nicht, wenn ich untergehe!?« Ich habe kaum mehr Kraft, um auf meinen Nächsten einzugehen, bin gereizt und deprimiert. Ich rede kaum mit meiner Frau, bin lieblos zu meinen Kindern und oberflächlich gegenüber den Gästen und Studenten. Und dann frage ich mich nach dem Grund und beginne zu grübeln.

Ich schiebe das auf meinen schwachen Glauben oder darauf, dass meine Frau mich nicht versteht und die Gäste einfach wieder mal kompliziert sind.

Jedoch durfte ich über die Jahre hindurch mit all den Höhen und Tiefen etwas anderes lernen: Wenn ich mich mal wieder so richtig down fühle, wenn ich nichts von der Kraft von Jesus verspüre, dann ist das Problem in der Regel nicht mein schwacher Glaube, nicht meine eigene Unfähigkeit, auch nicht die schwierigen Gäste und nicht einmal meine Frau.

Der Grund ist ganz einfach: Ich habe wieder einmal vergessen, wozu Gott mich geschaffen hat, ich habe wieder einmal die enge Gemeinschaft mit Gott vernachlässigt oder beiseitegestellt. Als Christ werde ich nirgends sonst Erfüllung finden als in der Gemeinschaft mit meinem Herrn Jesus, denn *dazu* hat Gott mich gemacht. Dazu sind wir gebaut!

Wenn ich mit einem Rasenmäher versuche, meine Hecke zu schneiden, dann werde ich dabei ins Schwitzen geraten, viel Frust erleben und mich wahrscheinlich verletzen. Das Problem liegt aber nicht am Rasenmäher an sich, sondern daran, dass er nicht für das Heckenschneiden gebaut wurde.

Wenn ich die Erfüllung meines Lebens in meiner Karriere, Gesundheit oder Familie suche, werde ich früher oder später enttäuscht sein. Nicht deshalb, weil bei mir etwas nicht stimmt, sondern weil ich für etwas anderes geschaffen bin, nämlich um in der Gemeinschaft mit Jesus zu leben. Erst da, wo ich als Christ zum Herrn Jesus laufe, wird meine Seele wieder ruhig und findet Frieden. Darum hat er in Matthäus 11,28 gesagt: *»Kommt her zu mir, alle ihr Mühseligen und Beladenen! Und ich werde euch Ruhe geben.«*

Gewiss braucht es große Mühe, sich in allen Dingen des Lebens bewusst an Gott zu wenden, aber dafür sind dann die anderen Dinge des Lebens nicht mehr so anstrengend.

Gewiss braucht es große Mühe, sich in allen Dingen des Lebens bewusst an Gott zu wenden, aber dafür sind dann die anderen Dinge des Lebens nicht mehr so anstrengend. Hier bewahrheitet sich das Wort von Jesus aus Matthäus 6,33 (Luther): *»Trachtet zuerst nach dem Reich Gottes und nach seiner Gerechtigkeit* (und das ist gewiss oftmals nicht ganz leicht), *so wird euch das alles zufallen* (dafür wird alles andere viel leichter).«

Nachdem wir nun gesehen haben, dass wir zur Gemeinschaft mit Gott geschaffen sind, möchte ich auf eine notwendige Voraussetzung für diese Gemeinschaft eingehen.

KAPITEL 4

Die Voraussetzung für Gemeinschaft ist »Leben«

Die Grundvoraussetzung für Kommunikation und Gemeinschaft ist, dass die beteiligten Personen leben. Ein toter Mensch kann keine Beziehung eingehen, man kann nicht mit ihm reden, nichts unternehmen usw.

Seit vielen Jahren bin ich Mitglied im österreichischen Berg- und Höhlenrettungsteam. Immer wieder kommt es vor, dass Menschen sich bei uns im Gebirge verirren oder abstürzen. Im Oktober 2002 wurde ein Einheimischer von seiner Familie als vermisst gemeldet. Viele Bergrettungsmänner und zwei Hubschrauber begaben sich auf die Suche und knapp einen Tag nach der Meldung fand ich ihn in einer steilen Rinne. Er ist wahrscheinlich noch während des Sturzes zu Tode gekommen. Immer wenn ich einen toten Menschen sehe, wird mir neu bewusst, dass keine Kommunikation und keine Gemeinschaft mehr möglich sind.

So wie ein Götze (ein toter Gott) nicht in der Lage ist, mit Menschen zu sprechen, so ist ein toter Mensch nicht in der Lage, mit dem lebendigen Gott zu kommunizieren.

Verschiedene Arten von Leben

Nun unterscheiden wir verschiedene Stufen oder Dimensionen des Lebens. Grob gesprochen, unterscheiden wir zwischen dem pflanzlichen, dem tierischen und dem menschlichen Leben.

Pflanzenleben

Eine Blume etwa besitzt Leben, wenn auch nur auf einer primitiven Stufe. Sie öffnet ihre Blüten bei Sonnenschein und schließt sie während der Nacht.

Es besteht ein großer Unterschied zwischen einer lebenden und einer toten Blume. Meine Frau liebt zwar getrocknete Rosen, aber, ehrlich gesagt, erinnern die mich mehr an den Friedhof als an Leben. Obwohl ich lebende Blumen bei Weitem bevorzuge, musste ich feststellen, dass die lebende Blume, wenn ich ihr einen Ball zuwerfe, diesen nicht zurückwirft. In Bezug auf Ballspielen ist die Blume, obwohl sie eigentlich lebendig ist, tot.

Tierleben

Wenn ich denselben Ball unserer Hündin Celine zuwerfe, dann bringt sie ihn mir voller Freude zurück. Sie ist empfänglich für diese Stufe von Leben. Wiederum besteht ein großer Unterschied zwischen einem lebendigen und einem totem Hund. Aber selbst Celine, die sehr lebendig und intelligent ist, lässt sich nicht beeindrucken von der Poesie eines Gedichts, von der Barmherzigkeit Gottes und der Größe des Universums. Für diese Stufe von Leben ist Celine, so lebendig sie auch sein mag, nicht empfänglich und damit tot.

Menschenleben

Der Mensch war einmal lebendig und ganz empfänglich für Gott. Die ersten Menschen lebten in einer vertrauten Beziehung zu ihm. Sie besprachen Dinge miteinander, erfreuten sich an Kaffeekränzchen und gingen miteinander spazieren. Als der Mensch allerdings begann, Gott zu misstrauen, und sich im Ungehorsam von ihm abwandte, starb etwas in ihm – und zwar der Geist Gottes. Von diesem Moment an war der Mensch für eine Beziehung mit Gott tot, so wie die Blume für das Ballspiel tot ist, so wie unser Hund

Celine für das Verständnis eines Gedichtes tot ist. In 1. Mose 2,17 prophezeite Gott den Menschen: »*An dem Tag, da du davon* (von dieser Frucht) *isst, musst du sterben.*« Körperlich lebte der Mensch weiter, allerdings war er tot für eine innige, lebendige Beziehung zu einem persönlichen Gott.

Das zusätzliche oder das neue Leben

Damit der Mensch wieder empfänglich für den Geist Gottes werden konnte, musste Gott im Menschen eine zusätzliche, geistliche Dimension des Lebens schaffen. Der Mensch musste »von Neuem geboren werden«. Als der gelehrte religiöse Führer Nikodemus Jesus spätabends aufsuchte, sagte Jesus Folgendes zu ihm:

»*Wahrlich, wahrlich, ich sage dir: Es sei denn, dass jemand von neuem geboren werde, so kann er das Reich Gottes nicht sehen. Nikodemus spricht zu ihm: Wie kann ein Mensch geboren werden, wenn er alt ist? Kann er denn wieder in seiner Mutter Leib gehen und geboren werden? Jesus antwortete: Wahrlich, wahrlich, ich sage dir: Es sei denn, dass jemand geboren werde aus Wasser und Geist, so kann er nicht in das Reich Gottes kommen.* Was vom Fleisch geboren ist, das ist Fleisch; und was vom Geist geboren ist, das ist Geist. *Wundere dich nicht, dass ich dir gesagt habe: Ihr müsst von neuem geboren werden*« (Joh. 3,3-7 – Luther).

Der biologische, natürliche Mensch ist durch seine natürliche Geburt aus Wasser geboren. Damit ist er lebendig und empfänglich für das natürliche, biologische Leben. Was aber seine geistliche Beziehung zu Gott anbelangt, bleibt er tot und lebt in einer Welt ohne Hoffnung und ohne Gott (Eph. 2,1+12).

Tote Menschen können sehr religiös sein.

Übrigens – tote Menschen können sehr religiös sein. Sie können alle religiösen Übungen und Rituale mitmachen, was aber nicht bedeutet, dass sie das geistliche Leben von Gott her gesehen und verstanden haben. Unsere Hündin Celine starrt manchmal eine Minute lang andächtig in den Himmel, was aber nicht bedeutet, dass sie die Galaxien versteht.

Was Gott uns Menschen in seinem Sohn Jesus Christus anbietet, um die Gemeinschaft zwischen ihm und uns wiederherzustellen, ist eine »Geburt von oben«, eine neue, geistliche Geburt, die es dem Menschen wieder neu ermöglicht, mit Gott »Ball zu spielen«. Der gefallene Mensch erhält ein völlig neues, zusätzliches Leben und damit ist der Anfang für eine neue Dimension des Lebens gemacht.

Wenn ein Mensch dieses neue Leben von Gott empfängt, ist es so, als ob die Blume plötzlich den Ball zurückwürfe, wie wenn ich mit Celine plötzlich über die Größe des Universums reden und staunen könne. Das würde mich vom Hocker werfen, denn ich hätte eine völlig andere Hündin neben mir, eine Hündin mit einem neuen, zusätzlichen Leben. Das ist die neue Dimension, von welcher der Herr Jesus spricht, wenn er in Johannes 3,6 sagt: *»Was aus dem Fleisch geboren ist, ist Fleisch, und was aus dem Geist geboren ist, ist Geist.«* Das ist, was Paulus meint, wenn er in 2. Korinther 5,17 schreibt: *»Wenn jemand in Christus ist, so ist er eine neue Schöpfung.«*

Dieses neue, zusätzliche Leben wird durch den Geist Gottes und sein Wort bewirkt. Der Apostel Petrus schreibt: *»Ihr seid … wiedergeboren … durch das lebendige und bleibende Wort Gottes«* (1. Petr. 1,23) und Jakobus schreibt, dass der Gläubige durch das Wort der Wahrheit geboren ist (Jak. 1,18).

Diese neue Schöpfung ist das Einzige, worauf es ankommt.

So wie durch das Wort Gottes in Genesis 1 Licht entstand, als Gott sprach: *»Es werde Licht!«*, so entsteht Leben und Licht in einem Menschen, wenn ihn das Wort Gottes trifft. Damit ist das neue Leben in einem Menschen ein weiterer Schöpfungsakt Gottes.

Diese neue Schöpfung ist das Einzige, worauf es ankommt, was unsere Beziehung mit Gott angeht, denn nur durch diesen Akt der Neuschöpfung können wir wieder eine lebendige Beziehung mit dem Heiligen Gott eingehen. Darum lesen wir in Galater 6,15 (Luther): *»In Christus Jesus gilt… eine neue Kreatur.«*

Der Grund, warum Gott Mensch wurde, für unsere Sünden ans Kreuz ging und am dritten Tag auferstanden ist von den Toten, ist nicht nur, um uns einmal in den Himmel zu bringen, sondern auch, damit Gott seine Gedanken in unsere legen kann und somit das Leben von Jesus und sein Charakter bereits hier auf Erden in unserem Leben sichtbar wird.

Wenn uns bewusst wird, dass Jesus Christus gekommen ist, um sein Leben wieder in uns einzupflanzen, dass wir wieder »Ball spielen« können mit Gott, dann wird ein Prozess in Gang gesetzt. Dieser Lernprozess beginnt meist mit dem einfachen, sogar zaghaften *Kommunizieren mit Gott.* Mit der Zeit entwickelt sich aus dieser Kommunikation eine vertraute *Gemeinschaft mit Gott* und mündet schließlich im *Einssein mit Gott.*

Im folgenden Kapitel wollen wir uns anschauen, wie dieses neue Leben, Christus in uns, praktisch funktionieren kann.

KAPITEL 5

Kommunikation – Gemeinschaft – Einheit

I. Kommunikation

Unter Kommunikation mit Gott ist schlicht und einfach das Denken an Gott sowie das Reden und das Hören auf ihn zu verstehen. Dazu sagt man üblicherweise »beten«. Jesus Christus selbst hat uns das vorgelebt, indem er sich regelmäßig in die Gemeinschaft mit seinem Vater zurückzog. Wenn er sagt: *»Denn ich habe nicht aus mir selbst geredet, sondern der Vater, der mich gesandt hat, der hat mir ein Gebot gegeben, was ich tun und reden soll«* (Joh. 12,49 – Luther), dann bedeutet das, dass Jesus sehr viel Zeit damit verbrachte, an seinen Vater zu denken und auf ihn zu hören. Es war diese tägliche Abhängigkeit von seinem Vater, was das Leben von Jesus ausgezeichnet hat.

Was zeichnet unser Leben als Christ aus? Ist es diese innige Gemeinschaft mit Jesus Christus oder haben wir Gemeinschaft durch Religion ersetzt?

In unserer modernen Welt haben wir als Christen drei verschiedene Übersetzungen der Bibel auf dem Nachttisch stehen, das Bibel-Computerprogramm installiert, den Neukirchener Kalender an der Wand, das Losungsbüchlein im Regal, den Fisch auf dem Auto, das Kreuz um den Hals, Johannes 3,16[8] auf dem T-Shirt und

[8] Joh. 3,16 ist der wahrscheinlich bekannteste Bibelvers und lautet: »Denn also hat Gott die Welt geliebt, dass er seinen eingeborenen Sohn gab, damit alle, die an ihn glauben, nicht verloren werden, sondern das ewige Leben haben« (Luther).

das WWJD-Band[9] um den Arm. Aber ich fürchte, wir reden kaum mit Gott und wir hören nicht auf Gott.

Ich habe mich mit Gebet immer schwergetan und ich kann bis heute nicht behaupten, dass es mir leichtfällt. Denn obwohl es für mich das Normalste sein sollte, mit meinem Gott zu reden, ist es oft das Letzte, was ich im Alltag praktiziere.

Obwohl es für mich das Normalste sein sollte, mit meinem Gott zu reden, ist es oft das Letzte, was ich im Alltag praktiziere.

Ich sitze im Auto oder im Büro und mache mir Sorgen um die Finanzen der nächsten Monate, ich grüble über das krebskranke Nachbarskind nach und wie man ihm helfen könnte und gerate ins Schwitzen darüber, wie ich den Streit mit meiner Frau ausbaden werde. Aber ich bete nicht darüber. Oft scheint es das Letzte zu sein, was mir in den Sinn kommt, nach dem Motto: »Wenn sonst gar nichts mehr hilft, dann bete eben!«

Gott wohnt nicht außerhalb

Damit die Kommunikation mit Gott zu einer innigen Beziehung werden kann, muss uns bewusst werden, dass Gott geografisch nicht irgendwo außerhalb von uns wohnt, sondern dass er jedem Menschen »nahe« ist. In Apostelgeschichte 17,27 sagt Paulus, dass Gott nicht fern ist von einem jeden von uns. Und im Brief an die Epheser erinnert er die Gläubigen: *»Jetzt aber, in Christus Jesus, seid ihr, die ihr einst* fern *wart, durch das Blut des Christus* nahe *geworden«* (Eph 2,13).

Wenn ein Mensch anfänglich zu Gott betet, findet die Kommunikation vielleicht noch über eine gewisse Distanz statt. Er redet zwar zu Gott, jedoch so, wie wenn ich mit meinem Schwager in Neuseeland telefoniere. Gott ist weit weg, irgendwo im Himmel. Für viele Christen ist Gott immer noch irgendwo außerhalb ihrer selbst, wenn sie beten. Dadurch laufen sie Gefahr, das Gebet zu

9 WWJD bedeutet: »What would Jesus do« (übersetzt: Was würde Jesus tun)

einem Ritual zu machen, mit dem sie versuchen, bis zu Gott durchzudringen. Manchmal frage ich etwas provokativ, wie weit sie denn mit ihrem Gebet durchdringen wollen, damit es bei Gott ankommt: durch die erste Betondecke ihres Hauses oder auch durch die zweite, durch die Ozonschicht, unser Sonnensystem oder die Milchstraße? Ich erinnere mich an ein Mädchen, das mir sagte: »Wenn ich bete, dann geht mein Gebet nur bis an die Decke!« Ich weiß genau, was sie damit meint, und kann ihr sehr gut nachfühlen. Ich konnte sie aber ermutigen, indem ich ihr versicherte, dass Gott unterhalb der Decke wohnt und sie mit ihrem Gebet nicht erst bis ins Weltall durchdringen muss.

Gott ist uns in Christus nahegekommen. Er hat versprochen, in uns zu wohnen (Joh. 14,23) und bei uns zu bleiben bis ans Ende der Welt (Mt. 28,20).

Darum darf ich das Gebet nicht zu einem Ritual verkommen lassen, bei dem ich versuche, zu ihm vorzustoßen. Ich sollte mich darin üben, mit allem zu meinem Herrn zu gehen, der hier bei mir ist, damit ich die anstehenden Probleme gemeinsam mit ihm in Angriff nehmen kann. So wie die Kompassnadel immer wieder automatisch in Richtung Norden zeigt, können wir unsere Gedanken trainieren, uns an dieses neue Leben in uns zu wenden. Von Natur aus haben wir ein falsches Denken. Darum sagt Paulus im Römerbrief 12,2: *»Ändert euer Denken!«* Und in Bezug auf Gebet müssen wir lernen zu verstehen, dass Jesus Christus nicht irgendwo »da oben« ist, sondern bei mir, mit mir und sogar in mir. Erst dann entsteht aus der Kommunikation eine von Vertrauen geprägte Gemeinschaft, auch Freundschaft genannt.

II. Gemeinschaft oder Freundschaft

Mit jemandem Gemeinschaft zu pflegen ist in der Regel mehr, als nur über etwas zu reden. Da teilt man sich persönliche Gedanken und Gefühle mit, man lernt, wie der andere denkt. Es ist eine andere Form, eine tiefere Ebene der Kommunikation. Wenn ich z. B. an meinem freien Tag oder im Urlaub einmal den ganzen Tag zu Hause bin, so rede ich mit meiner Frau und meinen Kindern viel über alle möglichen anstehenden Dinge. Einmal ruft man dem anderen etwas zu, dann habe ich eine Frage, mal wechselt man beim Vorbeigehen ein paar Worte miteinander. Die Themenbereiche spannen sich vom Rasenmäher über unsere Hasen bis hin zum Schraubenzieher, der mir gerade runtergefallen ist. Wenn Hannelore aber ruft: »Komm, lass uns einen Kaffee trinken« oder gar: »Schatz, wie wär's, wenn wir heute Abend essen gehen?«, so ist das der Aufruf zur Gemeinschaft, dann weiß ich, dass jetzt »richtig« geredet wird. Dass wir uns in die Augen schauen, wenn wir miteinander reden und wir uns bewusst Zeit nehmen, auf den anderen einzugehen. In diesen Zeiten bespricht man oft wesentlichere Dinge und hier entstehen Freundschaften. Es ist schön, mein eigenes Leben dem anderen mitzuteilen und am Leben des anderen Anteil zu haben. Ich werde später in Kapitel 8 noch einmal näher darauf eingehen. Dort geht es darum, »ohne Unterlass« mit Gott zu reden.

Die Psalmen als Tür zur Gemeinschaft mit Gott

Ich beginne, die Psalmen mehr und mehr zu schätzen, denn sie informieren uns nicht in erster Linie über Gott und machen auch keine Vorschläge für eine bessere Moral, sondern in den Psalmen lernen wir, ein persönliches Gespräch mit Gott zu führen. Wenn Sie sich schwertun, persönlich mit Gott zu reden, dann lesen Sie immer wieder die Psalmen. Gott spricht zu uns und wir antworten. Dabei sind die Antworten nicht immer schön formuliert, sondern oft voll Zorn, Misstrauen, sogar Fluchen. Aber sie sind real und wenden sich mitten im Alltagsleben an Gott.

Vom Er zum Du

Ich habe vor Kurzem wieder einmal den Psalm 23 gelesen und habe ihn sogar neu auswendig gelernt. Da schreibt David:

»Der HERR *ist mein Hirte, mir wird nichts mangeln.* Er *weidet mich auf einer grünen Aue und führet mich zum frischen Wasser.* Er *erquicket meine Seele. Er führet mich auf rechter Straße um seines Namens willen. Und ob ich schon wanderte im finstern Tal, fürchte ich kein Unglück; denn* du *bist bei mir, dein Stecken und Stab trösten mich.* Du *bereitest vor mir einen Tisch im Angesicht meiner Feinde.* Du *salbest mein Haupt mit Öl und schenkest mir voll ein. Gutes und Barmherzigkeit werden mir folgen mein Leben lang, und ich werde bleiben im Hause des HERRN immerdar«* (Luther).

David beginnt den Psalm, indem er über Gott in der dritten Person spricht. Er beginnt mit einem Selbstgespräch, in dem er sich selbst an die Versprechen Gottes erinnert und sagt: »Der HERR, er weidet mich, er erquicket mich, er führet mich.« Aber dann, als er in Bedrängnis gerät und im finsteren Tal wandert, redet David nicht mehr zu sich selbst und über Gott, sondern wendet sich direkt an Gott, indem er sagt: »Du bist bei mir!« Dieser Satz ist übrigens genau die Mitte des Psalms.

Das ist es, was wir im Leben als Christen lernen müssen; wir müssen vom »Er« zum »Du« kommen, vom Selbstgespräch zum Gebet. Wir müssen uns ständig daran erinnern, dass wir nicht alleine sind, sondern als Christen mindestens zu zweit durchs Leben gehen. Interessanterweise weiß ich das alles und Sie wissen es vielleicht auch, aber wir haben es wieder vergessen. Eine Konsequenz der Sünde ist, dass wir ständig vergessen, im Alltag mit Gott zu rechnen. Darum ist es unser Vorrecht und

Das ist es, was wir im Leben als Christen lernen müssen; wir müssen vom »Er« zum »Du« kommen, vom Selbstgespräch zum Gebet.

unsere Pflicht, uns gegenseitig daran zu erinnern, uns mit der Wahrheit zu ermutigen.

Gott hat gern beim Essen Gemeinschaft mit uns

Beim Lesen der Bibel ist mir aufgefallen, dass Gott mit den Menschen gern Gemeinschaft beim Essen hat. Als Mose und Aaron mit den 70 Ältesten der Israeliten auf den Berg Sinai gingen, um Gott zu schauen, lesen wir in 2. Mose 24,11: *»Sie schauten Gott und aßen und tranken.«* Als der Herr Abraham bei Mamre aufsuchte und ihm versicherte, dass er im hohen Alter noch einen Sohn haben würde, ließ Gott sich gerne überreden, eine gute Mahlzeit einzunehmen (1. Mose 18).

Der auferstandene Herr Jesus war selbst fast immer hungrig, wenn er seinen Jüngern erschien. Als er am Ostersonntag plötzlich mitten unter seinen Jüngern auftauchte und sie es noch nicht fassen konnten, dass er lebt, fragte er sie: *»Habt ihr hier etwas zu essen?«* (Lk. 24,41) und in Johannes 21 bereitete Jesus ein Lagerfeuer vor, um mit seinen Jüngern zu frühstücken.

Essen bedeutet in der Bibel viel mehr als nur den Hunger stillen. Eine gemeinsame Mahlzeit führte immer zu einer tiefen engen Gemeinschaft. Meine Frau und ich laden in der Regel jene Menschen zu einem Abendessen ein, mit denen wir in Freundschaft verbunden sind. Gott hat uns zur Gemeinschaft geschaffen und er wünscht sich nichts mehr, als mit Ihnen und mir ein gemeinsames Mahl zu halten, mit uns zusammen zu sein. Darum sagt Jesus in seinem Brief an die Gemeinde in Laodicäa: *»Siehe, ich stehe an der Tür und klopfe an; wenn jemand meine Stimme hört und die Tür auftut, zu dem werde ich eingehen und das* Abendbrot mit ihm essen, *und er mit mir«* (Offb. 3,20).

Kaffeezeit mit Jesus

Im Januar 2002 predigte ich in Toronto, Kanada, auf einer Konferenz. Der Rückflug verzögerte sich durch die extrem frostigen

Temperaturen in Kanada (bis minus 40 Grad Celsius) und so sah ich bei der Landung in Wien meine kleine Anschlussmaschine in Richtung Salzburg abfliegen, wo ich mein Auto abgestellt hatte. Der nächste Flug war erst sieben Stunden später. Was sollte ich mit dieser verlorenen Zeit anfangen? Früher haben mich solche Verspätungen genervt, weil man in dieser Zeit eigentlich wenig Produktives tun kann. Ich kann weder vernünftig arbeiten, noch kann ich einen Kaffee mit Hannelore genießen oder mit meinen Kindern spielen. Aber diesmal war es anders. Ich habe mich durch meine eigene Predigt (ich predige übrigens fast immer auch zu mir selbst) in Kanada daran erinnert, dass Gott gerne mit seinen Kindern isst und trinkt. Und so kam es, dass mich diese sieben Stunden Wartezeit kein bisschen genervt haben und ich sogar eine riesengroße Freude darüber verspüren konnte, dass ich jetzt endlich sieben volle Stunden mit meinem Herrn Jesus spazieren gehen, Kaffee trinken und eine ungestörte Zeit mit ihm haben konnte, ohne etwas anderes tun zu müssen. In diesen Kaffeezeiten sage ich Gott all meine Herzensanliegen, lese in seinem Wort und denke an ihn.

Eine liebe Bekannte von mir, Anne Rebsch, erzählte mir, dass ihre Mutter in England beim Teabreak (Teepause) immer eine zusätzliche Tasse auf den Tisch stellte; eine für Jesus Christus. Wann immer ich mit meinem Herrn einen Kaffee trinken möchte, bestelle ich zwar nur eine Tasse, aber ich empfinde es als eine nette Geste und eine Erinnerung daran, dass Christus bei uns ist und sich eine innige Gemeinschaft mit uns wünscht. Wenn wir uns darin üben, bekommen wir einen Vorgeschmack vom Himmel, nämlich von der ewigen Einheit mit Christus, wozu wir bestimmt sind.

Ein ermutigender Brief

Ich erhielt einen Brief von einer Teilnehmerin in unserem »Upward Bound Programm 2003«. Ich möchte hier ein paar Sätze von dem wiedergeben, was sie während dieser Zeit bei uns erlebt hat: »Wahrscheinlich hatte ich wegen meiner Herkunft aus einer autoritären

Familie und Kirche immer ein falsches Bild von Gott. Gott war für mich immer streng, hart und unnahbar. Durch das Bibellesen weiß ich zwar schon lange, dass dies ein falsches Gottesbild ist, jedoch konnte ich es nie in die Realität meines Lebens übersetzen, egal, wie sehr ich es auch versuchte. Ich hatte ein intellektuelles Konzept von Gottes Freundlichkeit und Liebe, jedoch erfuhr ich es nicht experimentell in meinem Leben. Es ist ungefähr so, wie wenn man über den Dachstein (der höchste Berg in unserer Gegend) liest oder den Dachstein tatsächlich erklimmt. Das eine ist eine super Idee, das andere ist Realität. Während meiner Zeit im Tauernhof befolgte ich deinen Rat und unternahm Spaziergänge mit Jesus, ging sogar auf einen Kaffee mit ihm. Ich bekam nicht, was ich erwartet hatte, aber was ich empfing, übertraf alles, was ich mir erträumt hatte.

Auf einem dieser Spaziergänge öffnete der Heilige Geist mir mein Herz und ich *erkannte* Jesus. Es war nicht ein ›Bescheidwissen über ihn‹, nein, ich erkannte ihn. Er offenbarte mir seine Demut und Freundlichkeit, die offenbart ist in seiner Schöpfung. Wie ein Meistermaler seinen Charakter und seine Eigenschaften in einem Gemälde für alle sichtbar macht, so offenbarte Gott mir sein Herz im Wissen, dass ich ihn ablehnen und auslachen kann. Jedoch alles, was ich tun konnte, war ihn umarmen. Jesus ist kein arroganter Gott, der möchte, dass ich am Boden kriechend vor ihm liege, sondern ein demütiger Gott, der mich ermutigt, in seine Arme zu kommen. Er ist nahbar. Zum ersten Mal in meinem Leben hatte ich keine Angst mehr vor ihm und meine Seele wurde ruhig. Mein Herz fand eine solche Freude in der Person von Jesus, dass ich mir wünschte, ich hätte für immer dort bleiben können.«

»Ich hatte ein intellektuelles Konzept von Gottes Freundlichkeit und Liebe, jedoch erfuhr ich es nicht experimentell in meinem Leben.«

Gott kann und will auch heute noch zu uns reden, uns trösten und ermutigen. Er sprach nicht nur zu dieser Teilnehmerin im Sommer

2003, sondern möchte auch zu Ihnen ganz persönlich sprechen. Allerdings müssen wir uns – um seine Stimme zu hören – für ihn Zeit nehmen, für die »Kaffeezeit« mit Jesus.

III. Einheit

Im sogenannten »Hohepriesterlichen Gebet« betet Jesus für alle Gläubigen der ganzen Menschheitsgeschichte mit folgenden Worten: *»Aber nicht für diese allein bitte ich* (er meint seine Jünger), *sondern auch für die, welche durch ihr Wort an mich glauben,* damit sie alle eins seien, wie du, Vater, in mir und ich in dir, dass auch sie in uns eins seien, *damit die Welt glaube, dass du mich gesandt hast. Und die Herrlichkeit, die du mir gegeben hast, habe ich ihnen gegeben, dass sie eins seien,* wie wir eins sind – ich in ihnen und du in mir –, dass sie in eins vollendet seien, *damit die Welt erkenne, dass du mich gesandt und sie geliebt hast, wie du mich geliebt hast«* (Joh. 17,20-23).

Die innigste Form von Gemeinschaft, die wir als Menschen kennen, erleben wir im Einswerden mit einer anderen Person, nämlich in der Ehe. Gott verwendet immer wieder das Bild der Ehe, um seine Liebesbeziehung mit den Menschen darzustellen.[10] Die Ehe ist aus dem Grund die engste erfahrbare Gemeinschaft unter uns Menschen, weil die Dauer der Gemeinschaft sich auf das ganze Leben ausdehnt und sich diese Gemeinschaft auf alle Lebensbereiche bezieht (Tisch und Bett). Dies sind die zwei wesentlichen Parameter, die zu dieser intensivsten Gemeinschaft (Einheit) führen können.

Zu dieser Einheit mit sich selbst hat Gott uns letztlich geschaffen. Zwei Persönlichkeiten sind in letzter Perfektion erst dann wirklich »eins« geworden, wenn Worte wie »mein« und »dein«

---

10 Eph. 5,21-33

total verschwunden sind. Es gibt dann eigentlich nur noch »wir« und »uns«.

Und als Christen müssen wir uns stets vor Augen halten, dass wir zu nichts weniger als zu dieser Einheit mit unserem Schöpfer geschaffen wurden. Damit will ich nicht sagen, dass jeder Christ jeden Tag diese Einheit erlebt und verspürt. Solange wir diese Erde bewohnen, muss uns stets bewusst sein, dass wir sowohl zutiefst geistliche als auch zutiefst körperliche Wesen sind. Und solange wir noch in diesem Körper und dieser Welt zu Hause sind, wird es uns nie ganz gelingen, perfekt in dieser Einheit zu leben.

Das soll jedoch nicht heißen, dass wir Perfektion einfach verwerfen. Wir dürfen und müssen das Ziel, wofür Gott uns geschaffen hat, nie aus den Augen verlieren, damit wir auf dem rechten Weg bleiben. Paulus hat ehrlich zugegeben, dass er noch weit weg von der Vollkommenheit ist, dass er bei Weitem noch nicht dort ist, wo er sein sollte[11], aber seine eigene Schwachheit hielt ihn nie ab, auf das Ziel zuzulaufen.

Darum bekennt er im Brief an die Galater 2,20: *»Nicht mehr lebe ich, sondern Christus lebt in mir«* und an die Christen in Philippi schreibt er: *»Mein Leben, das ist Christus und Sterben ist mein Gewinn«* (Phil. 1,20).

Christus in uns

Damit wir im Segen dieser Einheit leben können, müssen wir verstehen, dass es wörtlich gemeint ist, wenn die Schrift davon spricht, dass Christus in uns lebt.

Der Herr Jesus hat sich größte Mühe gegeben, uns klarzumachen, dass dieses neue Leben in uns nicht mystisch, bildlich oder symbolisch zu verstehen ist, sondern dass er tatsächlich selber kommt und durch die Person des Heiligen Geistes Wohnung in jedem Gläubigen nimmt.

---

[11] Phil. 3,12-14

Jesus spricht in Johannes 6,53+56: »*Wahrlich, wahrlich, ich sage euch: Wenn ihr nicht das Fleisch des Sohnes des Menschen esst und sein Blut trinkt, so habt ihr kein Leben in euch selbst. Wer mein Fleisch isst und mein Blut trinkt, bleibt in mir und ich in ihm.*«

Hier sprach der Herr Jesus in der konkretesten Form über sich selbst, seine Person. Er stellt sogleich klar, dass es hierbei nicht um sein leibliches Fleisch und Blut geht, sondern um seine geistliche Persönlichkeit, den Heiligen Geist. Denn er sagt im selben Atemzug: »*Der Geist ist es, der lebendig macht; das Fleisch nützt nichts*« (Joh. 6,63).

Ein Theologe hat einmal einen Freund von mir provokativ gefragt: »Wenn Jesus Christus in dir lebt, wo ist er dann? Zeig ihn mir. Ich sehe ihn nicht!« Nun, ich kann seine Frage verstehen, aber ich würde ihm gleich eine Gegenfrage stellen. Ich würde ihn fragen: »Glaubst du, dass deine Person neben Fleisch und Blut auch aus einer Seele besteht?« Da er diese Frage gezwungenermaßen mit »Ja« beantworten muss, würde ich ihn weiter fragen: »Und, wo ist die Seele? Zeig sie mir. Ich kann sie nicht sehen!« Obwohl ich die Seele nicht auf den Tisch legen kann, wissen wir, dass jeder Mensch eine Seele besitzt. Und obwohl ich ihm den Heiligen Geist nicht vorzeigen kann, lebt er in jedem Menschen, der aus dem Geist geboren ist.

Christsein bedeutet, mit dem lebendigen Christus eins zu sein

In dem Augenblick, wo ein Mensch zu Gott kommt, seine Schuld bekennt und Buße tut, kommen Gott, der Vater und der Herr Jesus Christus durch den Heiligen Geist, der seine Wohnung in dem Gläubigen bereitet, in dieses Leben.

Paulus bezeugt in seinem Brief an die Christen in Thessaloniki, dass der Mensch aus Geist, Seele und Körper besteht.[12] Der Körper

---

[12] 1. Thess. 5,23

ist der sichtbare und vergängliche Teil, Seele und Geist sind die unsichtbaren, ewigen Bereiche des Menschen. Der menschliche Geist ist dieses »gottgegebene Vakuum«, welches nur darauf wartet, mit dem Heiligen Geist erfüllt zu werden.

Diese Einheit, wenn der Heilige Geist den menschlichen Geist erfüllt, beschreibt der Apostel Paulus als ein offenbartes Geheimnis, wenn er sagt: *»Das Geheimnis ist: Christus in euch, die Hoffnung der Herrlichkeit«* (Kol. 1,27). Solange Christus »außerhalb« unseres Lebens bleibt, werden wir nie verstehen, was Paulus in Galater 2,20 gesagt hat: *»Nicht ich lebe, sondern Christus lebt in mir.«* So wie mein Seelenleben (Persönlichkeit) durch meinen Körper zum Ausdruck kommt, so möchte nun der Geist von Jesus im Leben eines jeden Gläubigen sichtbar werden.

Ich bin mir nicht sicher, wo Jesus für Sie ist, aber wenn er für Sie irgendwo anders ist als in Ihnen selbst, dann haben Sie den Neuen Bund in Christus missverstanden. Christsein bedeutet nicht nur, »Glauben an Jesus« zu haben oder »Liebe für Christus« zu praktizieren. Es geht auch darum zu erkennen, dass wir Teilhaber seiner göttlichen Natur sind, Erben mit Jesus, Kinder Gottes, *dass wir eins sind mit ihm.* Wenn wir das verstehen, dann erkennen wir, dass unsere Zukunft nicht nur abhängig ist von unseren eigenen Gaben, Talenten, unserem Können oder unserer Intelligenz, sondern von seiner Gegenwart in uns. Damit sind wir nicht mehr nur auf uns selbst angewiesen, sondern auf ihn.

Wo das verstanden wird, hören wir auf, religiös zu sein, und beginnen, uns an dieser Gemeinschaft mit Christus zu erfreuen. Das ist allerdings ein ständiger Kampf und muss täglich eingeübt werden.

Das Leben im »Wir«

Versuchen wir einmal ganz praktisch, zuerst im »Ich« und danach im »Wir« zu denken und zu reden.

Wie oft denken, reden und beten wir ungefähr so:

»Das schaffe ich nicht, ich werde versagen, ich gehe dabei zugrunde!«

Und nun versuchen wir, dasselbe zu sprechen, jedoch gemeinsam mit dem allmächtigen Gott in uns und in der Wir-Form:

»Das schaffen wir nicht.«

Und Gott fragt zurück: »Warum denn nicht?«

»Wir werden versagen.«

Und Gott sagt: »Nein, ich habe noch nie versagt.«

»Wir werden dabei zugrunde gehen.«

Und Christus antwortet: »Wir werden nicht zugrunde gehen, denn ich bin auferstanden!«

Sehen Sie? Der Unterschied ist enorm!

- Jedes Mal wenn ich sage: »Jesus, ich kann das nicht ...«, sagt er: »Na und? Ich kann.«
- Jedes Mal wenn ich sage: »Jesus, ich bin nicht fähig ...«, sagt er: »Na und? Ich bin fähig.«
- Jedes Mal wenn ich sage: »Jesus, ich bin's nicht ...«, sagt er: »Na und? Ich bin.«[13]

Und das Wunderbare dabei ist: Obwohl dieses Denken im »Wir« psychologisch und pädagogisch richtig, gut und hilfreich ist, ist es für uns als Christen nicht nur Psychologie oder Pädagogik, *sondern Realität.* Denn Jesus Christus hat versprochen: *»Ich werde bei euch sein alle Tage bis an der Welt Ende!«* In Christus zu sein bedeutet, als Team zusammen mit ihm zu arbeiten und zu leben. Ein klassisches Beispiel für dieses Miteinander ist die Speisung der 5 000 Menschen, über die im Johannesevangelium berichtet wird. Jesus fragte Philippus: *»Woher sollen* wir *Brote kaufen ...?«* (Joh. 6,5-7). Und was tat Philippus? Er zählte sofort sein eigenes Geld und kam zum Schluss, dass es niemals ausreichen

Jedes Mal wenn ich sage: »Jesus, ich bin's nicht ...«, sagt er: »Na und? Ich bin.«

[13] Zitat mit freundlicher Erlaubnis von Peter Reid

würde. Dabei fragte Jesus nicht: Woher willst *du* Brot kaufen, sondern *wir*! Hätte Philippus im »Wir« gelebt, hätte er Teamwork recht verstanden, dann hätte er nicht zweifeln müssen. Eine ähnliche Geschichte, die wir bereits in Kapitel 3 behandelt haben, erzählt davon, wie Jesus im Boot schlief und die Jünger Todesangst bekamen, weil ein so heftiger Sturm aufgekommen war. Bevor sie jedoch überhaupt ins Boot eingestiegen waren, sagte Jesus zu seinen Jüngern: »*Lasst* uns *zum anderen Ufer fahren …*«

Das heißt, Jesus Christus, der Sohn Gottes, beschloss, mit seinen Jüngern ans andere Ufer zu gelangen (»Lasst uns«). Somit war die Segelfahrt gesichert. Doch die Jünger sahen nur ihre eigenen Fähigkeiten und die reichten nicht aus.

Solange wir als Christen nur im Ich, Mein und Mir denken, werden wir keine Wunder erleben.

Solange wir als Christen nur im Ich, Mein und Mir denken, werden wir keine Wunder erleben. Denn wir konzentrieren uns nur auf unsere eigenen Möglichkeiten, nicht auf seine. Wir müssen üben, im »Wir« zu denken, als Team mit Gott zu arbeiten, denn erst dann leben wir in der Wahrheit. Solange ich als Christ im »Ich« lebe, lebe ich in der Lüge. Erst wenn ich bewusst beginne, im »Wir« zu leben, lebe ich in der Wahrheit. Johannes sagt, wir sollen »in der Wahrheit wandeln« (2. Joh. 4).

Ein Bibelschüler in England kam nach einem Vortrag auf mich zu und bekannte: »Ich tue mich so schwer, beim Beten so zu tun, als ob Jesus da wäre!« Darauf fragte ich ihn, ob er an Jesus und an das Wort Gottes glaube. Er beantwortete diese Frage mit »Ja«. Dann sagte ich zu ihm: »Wenn du glaubst, dass Jesus die Wahrheit ist und damit die Wahrheit sagt, dann dürfen wir ihm glauben, dass er auferstanden ist von den Toten und hier und jetzt bei uns ist. *Damit brauchst du nicht so zu tun, als ob er hier wäre, sondern er ist hier.* Du kannst höchstens so tun, als ob er nicht da ist. Denn die Wahrheit ist – er ist uns nahe, er ist mit uns und wohnt in uns!« Dieser junge Mann hatte es dann verstanden und war ganz überrascht, wie einfach es sein kann, wenn man Gott und sein Wort ernst nimmt.

Wie ich bereits erwähnt habe, werden wir diese Einheit immer nur stückweise und unvollkommen erleben, solange wir im irdischen Leib zu Hause sind. Eine liebe Bekannte hat mich darauf hingewiesen, dass, obwohl die Bibel öfter die Einheit der Ehe mit unserer Einheit in Christus vergleicht, wir im Moment noch nicht mit Christus verheiratet sind. Die Gläubigen werden (noch) als die anvertraute Braut, also die Verlobte dargestellt. Wir sind zwar bereits mit dem Verlobungsring, dem Heiligen Geist, versiegelt worden, aber das Hochzeitsmahl steht noch aus.[14] Auch das deutet darauf hin, dass wir die komplette Einheit mit Christus erst in der Ewigkeit erleben werden.

Doch soll uns das nie entmutigen, mit großer Erwartung und jeden Tag neu diese Einheit mit Christus zu erfahren, denn sie ist uns bereits zugesagt.

Ganz persönlich

Wenn Sie jetzt nach diesem Kapitel eine Pause einlegen oder einen Kaffee trinken gehen, legen Sie (Singular) eine Pause ein? Oder legt *ihr* (Plural) eine Pause ein? Gehen Sie einen Kaffee trinken? Oder geht *ihr* einen Kaffee trinken? Wir müssen lernen, in der Realität und in der Wahrheit zu leben und nicht in der Lüge! Denn nur die Wahrheit macht uns frei!

Wir müssen lernen, in der Realität und in der Wahrheit zu leben und nicht in der Lüge!

Im nächsten Kapitel möchte ich über die Ruhe sprechen, die Gott jenen Gläubigen zugesagt hat, die im »Wir« mit ihm leben. Denn um in seine Ruhe einzugehen, bedarf es Teamwork, auch genannt »Glaube«.

---

14 Bibelstellen dazu: Mt. 25,10; 2. Kor. 11,2; Offb. 19,9

KAPITEL 6
Die Ruhe im Einssein mit Gott

Jesus hat einmal gesagt: *»Kommt her zu mir, alle ihr Mühseligen und Beladenen! Und* ich werde euch Ruhe geben. *Nehmet auf euch mein Joch, und lernt von mir! Denn ich bin sanftmütig und von Herzen demütig, und* ihr werdet Ruhe finden für eure Seelen« (Mt. 11,28+29).

Christen reden zwar viel vom Frieden und der Ruhe im Herrn, wenn man sich jedoch umsieht oder wenn man an Stresstagen ins eigene Herz schaut, entspricht das nicht ganz der Realität. Warum ist unser Herz oft so unruhig und warum verhalten wir uns so oft wie Getriebene, wo wir doch Berufene sind? Um diese Frage zu beantworten, müssen wir uns zuerst fragen: Wovon sollten wir überhaupt zur Ruhe kommen?

Hier gibt uns der Schreiber in Hebräer 4,9 eine bemerkenswerte und überraschende Antwort: »Wir sollten zur Ruhe kommen von unseren eigenen Werken!«

Gottes Plan war von Anfang an, dass der Mensch in der Gegenwart, der Größe und der Souveränität Gottes ruht. Gott schuf den Menschen am sechsten Tag, um mit ihm am siebenten Tag zu ruhen. Gott will in erster Linie nicht unseren Dienst und unsere Arbeit, sondern er will uns. Gott sehnt sich nach Gemeinschaft mit Ihnen und mit mir, mehr als nach allem anderen, weil er uns liebt.

Erst in und aus dieser Gemeinschaft mit dem lebendigen Gott wird ein Christ recht aktiv, entstehen Werke des Glaubens, Arbeit aus Liebe und Geduld aus Hoffnung.[15] Dann sind es nicht nur unsere Werke, sondern jene, die Christus in uns vollbringt.

Der Apostel Paulus hat es so formuliert: *»Denn wir sind sein Gebilde, in Christus Jesus geschaffen zu guten Werken,* die Gott vorher bereitet hat, *damit wir in ihnen wandeln sollen«* (Eph. 2,10).

Wenn wir in dieser Gemeinschaft mit Jesus Christus »wandeln«, dann werden wir all die guten Werke vollbringen, die er schon vor langer Zeit vorbereitet hat.

Im Herrn zu ruhen bedeutet nicht, untätig zu sein, ganz im Gegenteil, aber es bedeutet, aus *seiner* Kraft tätig zu sein im Glauben, dass er alleine das vollbringen kann, was ich nicht kann. Diese Wahrheit ist wunderbar formuliert in 1. Thessalonicher 5,24, wo Paulus bekennt: *»Treu ist, der euch beruft, er wird es auch tun.«* So bekomme ich auch Ruhe in Bezug auf die Dinge, die mich belasten und niederdrücken.

Im Herrn zu ruhen bedeutet nicht, untätig zu sein, ganz im Gegenteil, aber es bedeutet, aus seiner Kraft tätig zu sein.

Das bedeutet *Ruhe* in seiner Gegenwart zu haben – Augenblick für Augenblick.

Der Gründer der Fackelträger, Major Ian Thomas, ist mir in dieser Beziehung immer ein Vorbild gewesen. Jeden Morgen betet er:

> *»Herr, ich danke dir dafür, was du heute wieder tun wirst, für jeden Menschen, den du retten wirst, für den Trost, den du geben wirst. Denn du hast versprochen, genau das zu tun. Und wenn du sogar mich in diesem Plan gebrauchen willst – hier bin ich, Herr!«*

---

[15] Die Gemeinde in 1. Thess. 1,3 bildet einen Gegensatz zu der Gemeinde in Ephesus in Offb. 2,1-4. Auch die Gemeinde in Ephesus konnte gute Werke, harte Arbeit und Geduld vorweisen, allerdings nicht motiviert aus Glaube, Liebe und Hoffnung.

Es hat mich immer beeindruckt, wie Major Thomas Gott und sein Wort einfach ernst nimmt, die Wahrheit mit Glauben verbindet und in Christus ruht.

Oswald Chambers hat gesagt:[16]

> *»Deine geistliche Reife kannst du am besten darin erkennen, worum du Gott im Gebet bittest. Manchmal ist das, was wir bitten, eine Beleidigung Gottes: Wir fragen nämlich mit unseren Augen gerichtet auf die Möglichkeiten oder auf uns selber und nicht auf Jesus Christus.«*

Martin Luther kannte diese Ruhe in Gott und praktizierte sie. Über die Reformation sagte er Folgendes:

> *»Ich habe nichts getan. Das Wort hat alles getan.*
> *Ich habe nur gelehrt, gepredigt und Gottes Wort geschrieben, sonst habe ich nichts getan. Und während ich schlief und Wittenberger Bier trank mit Philipp und Amsdorf, hat das Wort alle jene geschwächt, die gegen mich waren.«*

Diese Ruhe kann nicht vererbt oder gelehrt werden

So frustrierend es klingen mag, aber ein Leben im Glauben und dieses »In-Gott-Ruhen« kann nicht vermittelt und auch nicht weitergegeben werden. Es kann nur vorgelebt werden. Ich kann ohne Weiteres lernen und lehren, wo, wann und was Jesus getan hat. Aber meine persönliche Beziehung mit meinem Herrn kann ich nicht lehren, ich kann nur darin leben und davon erzählen. Und das aus

---

16 Oswald Chambers, Mein Äußerstes für sein Höchstes, Wuppertal, 1993, Blaukreuz-Verlag

einem ganz einfachen Grund: Beziehungen können nicht gelehrt werden. Wir können auch nicht auf die Ruhe von Luther, Chambers oder Major Thomas bauen, sondern müssen sie ganz neu für uns persönlich entdecken. In der Technik und Medizin können wir auf die Erkenntnisse der vorangegangenen Generationen bauen und beginnen damit nicht wieder an dem Punkt, an dem unsere Vorfahren begonnen haben. In unserer Beziehung zu Gott können wir das nicht. Die Offenbarung Gottes an uns Menschen ist immer wieder völlig neu und im Bezug auf das Verständnis von Gott wissen wir heute kein bisschen mehr als die Jünger vor 2000 Jahren. Gott muss von jeder Generation und immer wieder ganz neu entdeckt und geliebt werden. Darum muss auch jede Generation wieder neu um die Auslegung und das rechte Verständnis der Heiligen Schrift ringen. Wir können und sollen zwar unbedingt von unseren Vorfahren im Glauben lernen, jedoch müssen wir in jeder Generation neu in diese Beziehung eintreten, persönlich im Glauben zu Gott kommen und in ihm ruhen lernen.

Gott muss von jeder Generation und immer wieder ganz neu entdeckt und geliebt werden.

Romano Guardini hat auf die Titelseite seines Buches »Geistliche Schriftauslegung« diesen Satz geschrieben: »Das Wort der Offenbarung ist vom Wesen her ›neu‹, weil es von jenseits der Welt herkommt und niemals von ihr aufgesogen werden kann. Im Wesentlichen weiß eine Generation nicht mehr als die vorausgehende. Diese Neuheit herauszustellen, ist die vornehmste Aufgabe der Auslegung.«[17]

[17] Romano Guardini, Geistliche Schriftauslegung, Mainz, 1993, Matthias-Grünewald-Verlag

Ruhe bedeutet nicht Tatenlosigkeit

Ein Missverständnis, mit dem ich lange zu kämpfen hatte, wenn ich über die Ruhe Gottes nachdachte, war, dass ich Ruhe mit Tatenlosigkeit verwechselte. Weder Oswald Chambers noch Martin Luther waren tatenlos. Major Thomas ist inzwischen 89 Jahre alt und immer noch aktiv, soweit es seine Gesundheit erlaubt. Aber alle drei großen geistlichen Persönlichkeiten haben etwas gelernt, und zwar: *Gott selbst muss wirken, sonst ist nichts gewirkt.*

Als beim Auszug aus Ägypten die Armee des Pharao die Israeliten verfolgte und vor ihnen das unüberwindbare Rote Meer war, sprach Mose zum ganzen Volk: *»Der Herr wird für euch kämpfen, ihr müsst nur still sein«* (2. Mose 14,14)!

Dasselbe gilt für Sie und mich auch heute – still sein in der Gegenwart und Gemeinschaft Gottes und alles von ihm erwarten.

Ruhe bedeutet nicht ruhige Lebensumstände

Ein weiteres Missverständnis ist zu glauben, dass die Ruhe Gottes mit ruhigen und überschaubaren Lebensumständen gleichzusetzen ist. Das entspricht weder dem Zeugnis unserer Vorväter noch der Praxis in unserem eigenen Leben. Jesus Christus hatte kein ruhiges Leben, aber er ruhte im Vater. Selbst dann noch, als er im Garten Gethsemane betete, dass der Kelch an ihm vorübergehe. Stephanus ruhte in Christus, als er gesteinigt wurde, Petrus, als er im Gefängnis war.

In der Regel sind es jedoch die alltäglichen Kleinigkeiten, die uns der Ruhe in Christus berauben. Ich habe völlige Ruhe und Frieden darüber, dass Jesus Christus meine Seele errettet hat, dass er mich einmal ins Paradies einführt, dass er ein zweites Mal als König und Richter auf diese Erde wiederkommt. All das glaube ich bereitwillig. Doch ich tue mich oft sehr schwer zu glauben, dass

Jesus Christus fähig ist, meine Ehe gut zu gestalten, mir auch dann Frieden schenkt, wenn ich arbeitslos werde, und er mein Leben ist, auch dann wenn ich meine Gesundheit verlieren würde. Die großen, übermenschlichen Dinge traue ich ihm locker zu, aber bei den alltäglichen, praktischen Dingen verliere ich leicht meinen Glauben und damit meine Ruhe in Gott.

> Die großen, übermenschlichen Dinge traue ich ihm locker zu, aber bei den alltäglichen, praktischen Dingen verliere ich leicht meinen Glauben und damit meine Ruhe in Gott.

Das zeigt uns übrigens einmal mehr, wie wichtig es ist, mit unseren alltäglichen Kleinigkeiten im Gebet zu Gott zu kommen, auch kleinste Dinge gleich mit ihm zu besprechen. Denn das sind die Bereiche, die uns die Ruhe rauben, welche uns in Jesus Christus zugesagt ist. Christen haben mir schon öfter gesagt: »Ach, mit solchen Kleinigkeiten will ich Gott nicht belästigen, damit muss ich schon selber klarkommen.« Das ist falsches Denken. Jesus Christus ist extrem interessiert daran, dass Sie mit allen Kleinigkeiten zu ihm kommen, denn sein Wunsch ist, dass er sich auch im Kleinkram Ihres Lebens offenbaren kann und in einer Welt sichtbar wird, die ihn so sehr braucht.

Von den eigenen Werken zur Ruhe kommen

Im 4. Kapitel des Hebräerbriefes lesen wir in den ersten zehn Versen elfmal das Wort »Ruhe« oder »Sabbatruhe«. Diese Ruhe, von der hier die Rede ist, hat weder etwas mit der Sonntagsruhe zu tun noch mit der ewigen Ruhe, in die wir nach unserem leiblichen Tod eingehen werden, und auch nicht damit, dass ich Ruhe finde, wenn ich Christ werde. Sondern Gott fordert hier die gläubigen Christen heraus, im Wüstenalltag in seine Ruhe einzugehen.

Hebräer 4,9-11: »*Also bleibt noch eine Sabbatruhe dem Volk Gottes übrig.* Denn wer in seine Ruhe eingegangen ist, der ist auch zur

Ruhe gelangt von seinen Werken *wie Gott von seinen eigenen. Lasst uns nun eifrig sein, in jene Ruhe einzugehen …«*

Der Schreiber bezieht sich hier auf das Volk Israel, welches aus der Sklaverei aus Ägypten befreit wurde. Sie sind alle auf wunderbare Weise durch das Rote Meer hindurch gerettet worden und waren auf dem Weg zum versprochenen Land, nach Kanaan. Gott zeigte ihnen den Weg durch die Wolkensäule bei Tag und die Feuersäule bei Nacht. Aber – und das ist die Warnung, die der Schreiber hier ausspricht – sie alle blieben in der Wüste und keiner der Erwachsenen ist jemals in das gelobte Land Kanaan hineingegangen. Sie kamen in ihrem Erdenleben nicht in den Genuss der Ruhe Gottes (Hebr. 3,16-19).

Wahrheit und Glaube

Warum konnten sie nicht in die Ruhe eingehen? Der Schreiber gibt uns die Antwort: »*Weil sie das, was sie hörten* (das Wort Gottes), *nicht mit Glauben verbanden*« (Hebr. 4,2).

Der Glaube alleine hilft niemandem. Obwohl Glaube absolut notwendig ist, um gerettet zu werden, ist es nicht der Glaube an sich, der jemanden rettet, sondern stets das Objekt des Glaubens. Wahrer Glaube braucht ein Objekt und ohne Objekt ist es unmöglich zu glauben.

Wahrer Glaube braucht ein Objekt und ohne Objekt ist es unmöglich zu glauben.

Einmal war ich bei Ric, dem Leiter einer Bibelschule in Schweden. Auf einem zugefrorenen See in der Nähe von Vetlanda drehten wir mit dem Auto unsere Runden. Abwechselnd zog einer den anderen mit dem Auto und einem Surfboard im Schlepptau über den See. Es machte echt Spaß und trotzdem würde ich es bei mir zu Hause in Österreich niemals tun. Denn selbst wenn unsere Bergseen mal zugefroren sind, ist das Eis ziemlich dünn.

Als tief gläubiger Mensch könnte ich jedoch vor einem Bergsee in Österreich stehen und zu mir selbst sagen: »Ich weiß, dass das Eis nicht sehr dick ist, aber ich habe großen Glauben und ich glaube, dass ich von dieser Seite des Sees auf die andere komme.« Nun, ich werde mit meinem großen Glauben auf das Eis steigen, einbrechen, erfrieren und tot sein. Warum? *Weil das Objekt meines Glaubens nicht stark genug war.*

Andererseits kann ich in Schweden zitternd und kleingläubig auf das Eis treten und vorsichtig Schritt für Schritt über den See balancieren. Und zu meiner Überraschung gelange ich mit all meinen Zweifeln an die andere Seite des Sees. Warum? Weil ich so großen Glauben hatte? Nein! Sondern weil das Objekt meines kleinen Glaubens gehalten hat.

Ich respektiere und schätze jeden Menschen, der irgendwie gläubig ist. Ich werde auch niemals einem Hindu, Moslem oder Buddhisten den Glauben absprechen, denn ich bin überzeugt, dass viele von ihnen einen wesentlich größeren Glauben haben als ich. Aber ich werde jeden Hindu, Buddhisten oder Moslem herausfordern und fragen: »Was ist eigentlich das Objekt deines Glaubens? Und ist dein Objekt tragfähig?« Denn nicht der Glaube alleine rettet einen Menschen, sondern der Glaube an das richtige, tragfähige Objekt.

Genauso wie der Glaube allein niemanden rettet, kann auch die Wahrheit allein niemanden retten. Jesus Christus hat über sich selbst gesagt: *»Ich bin der Weg, die Wahrheit und das Leben.«*[18] Das heißt jedoch nicht, dass damit jeder Mensch gerettet ist und in die Ruhe Gottes eingeht. Denn wie wir im Hebräerbrief gelesen haben, muss sich der Glaube mit der Wahrheit verbinden.

Und dasselbe gilt im Alltagsleben für jeden gläubigen Christen. Wir mögen theologisch allen Aussagen der Bibel zustimmen und daran glauben. Wir mögen unser Glaubensbekenntnis laut und mit

---

[18] Joh. 14,6

voller Begeisterung jeden Sonntag mitsprechen. Das heißt jedoch nicht automatisch, dass wir uns auf diesen Glauben auch eingelassen haben.

In einer Geschichte wird erzählt, dass die Hausgänse sich jeden Sonntag vor dem Stall treffen, um die wöchentliche Predigt vom Chefgänserich zu hören. Der Gänserich hüpft auf den Zaun, schwingt seine Flügel und deutet dabei auf die Wildgänse, die gerade in Formation weit oben am Himmel über sie hinwegfliegen, und sagt: »Liebe Gänsegemeinde, schaut auf diese Wildgänse. Da gehören wir hin, das ist unsere Berufung. Wir sind dazu geschaffen, frei und schwerelos zu sein, dazu sind wir bestimmt!« Die ganze Gänsegemeinde jubelt und ruft laut im Chor: »Amen, ja so ist es, das ist die Wahrheit. Wir sind bestimmt zum Fliegen. Amen!« Und nach dem »Amen« watscheln sie alle wieder in ihre Scheune zurück und haben in ihrem ganzen Leben nie versucht zu fliegen.

Manchmal habe ich den Eindruck, dass es uns Christen ähnlich geht. Wir hören die Wahrheit und stimmen zu, dass der allmächtige Gott, der Schöpfer des Himmels und der Erde, unser Vater ist. Wir stimmen intellektuell zu, dass Gott seinen Sohn Jesus Christus gesandt hat, damit wir Leben im Überfluss haben und wir bestimmt sind für ein Leben, in dem wir aus seiner Kraft und aus seiner Barmherzigkeit täglich leben können. Wir bekennen laut, dass Gott für uns sorgt, dass er uns nie im Stich lässt, weil er sich sogar selber für uns gegeben hat.

Und dann watscheln wir wieder in unser altes Leben zurück, sind unruhig darüber, weil wir krank sind, sorgen uns über die Zukunft unserer Kinder, sind ruhelos darüber, ob Gott auch nächstes Jahr noch treu ist, und wollen nicht glauben, dass er die Zukunft in seiner Hand hat und es gut mit uns meint. Aber erst an dem Punkt, wo wir uns im Glauben an Gott wenden, wo wir im vertrauensvollen »Wir«, in Teamwork, mit Gott leben, werden wir seine Ruhe tatsächlich erfahren.Wenn wir Gott und seinem Wort nicht glauben, dann leben wir nicht im »Wir«, denn ohne Vertrauen gibt es keine wirkliche Gemeinschaft. Gott hat uns zur Ruhe bestimmt, und das nicht erst im Himmel, sondern bereits hier und jetzt. Zugegeben, es bleibt Stückwerk, aber sie ist vorhanden.

Was heißt das nun für uns im Alltag? Ich zitiere hier noch einmal den in Kapitel 1 erwähnten Vers aus 1. Petrus 5,7 (Luther), wo wir lesen: *»Alle eure Sorge werft auf ihn; denn er sorgt für euch!«*

Das ist ein Befehl, ein Gebot! Was tue ich jetzt damit? Ich habe zwei Möglichkeiten: Ich kann mich im Glauben und Vertrauen an Jesus Christus wenden und alle meine Sorgen tatsächlich auf ihn werfen. Das tue ich übrigens regelmäßig auf meinen Spaziergängen. All den Ballast, den Menschen bei mir in der Seelsorge abgeworfen haben, nehme ich und werfe ihn auf Christus. Das ist nicht gemein oder unfair Christus gegenüber, sondern schlicht und einfach Gehorsam, weil er es mir geboten hat zu tun.

Gott hat uns zur Ruhe bestimmt, und das nicht erst im Himmel, sondern bereits hier und jetzt.

Die zweite Möglichkeit besteht darin, dass ich dem Wort Gottes nicht glaube, ihm nicht vertraue und daher meine Sorgen nicht ablade und auf ihn werfe und mich dafür selber sorge. Im Englischen gibt es ein Lied, das heißt: »Why pray, if you can worry …?« (Warum soll ich beten, wenn ich mich doch sorgen kann?) Das kann ich natürlich tun und Gott wird mich nicht daran hindern, sondern mir stets die Freiheit der Entscheidung überlassen. Aber dann werde ich auch nichts von seiner Ruhe verspüren, die er uns zugesagt hat.

Im Prinzip ist es der Unglaube, der uns aller Ruhe beraubt, die wir in Christus bereits hier und jetzt haben könnten.

Übrigens ...

Eine persönliche Frage an Sie: An wen oder wohin wenden Sie sich, wenn Sie Sorgen plagen? Wenn Sie etwas Unvorhergesehenes trifft, wo gehen Sie zuerst hin, zum Telefon oder zum Thron?

Ich muss mich ganz konkret und bewusst darin üben, mit meinen Sorgen zu Gott zu gehen anstatt gleich zu Menschen. Es kommt bei mir ganz selten vor, dass ich automatisch zu Gott gehe, sondern es ist fast immer eine Willensentscheidung, die ich treffen muss und die mir nicht immer leichtfällt. Doch wenn ich es tue, dann fällt mir alles andere leichter.

Eifrig in der Ruhe

Darum lesen wir in Hebräer 4,11: »*Lasst uns nun eifrig sein, in jene Ruhe einzugehen ...*«

Für mich war dieser Vers für lange Zeit einer der offensichtlichen Widersprüche in der Bibel. Soll ich nun eifrig sein oder soll ich ruhig sein? Aber so wie bei vielen anderen vermeintlichen Widersprüchen der Bibel durfte ich auch hier über die Jahre hinweg die Weisheit Gottes erkennen.[19]

Ich brauche viel mehr Disziplin dafür, ruhig vor Gott zu sein, Dinge zuerst mit ihm zu besprechen und auf Jesus zu schauen, als selber tätig und aktiv zu werden.

Dieser Vers ist »mehr als wahr«, denn ich brauche viel mehr Disziplin dafür, ruhig vor Gott zu sein, Dinge zuerst mit ihm zu besprechen und auf Jesus zu schauen, als selber tätig und aktiv zu werden. Den ganzen Tag zu arbeiten, geschäftig zu sein, meine Präsenz vor Mitarbeitern,

[19] Wenn Sie auf Widersprüche in der Bibel stoßen, schreiben Sie sie in einer Art Tagebuch nieder und besprechen Sie diese zuerst mit Gott. Bitten Sie Gott, Ihnen Klarheit und Einsicht zu schenken, und vertrauen Sie darauf, dass er Ihnen auf die eine oder andere Weise eine Antwort gibt.

Gästen und Studenten zu zeigen fällt mir fast immer leicht. Dazu brauche ich kaum Disziplin. Jedoch still zu sein, auf Gottes Wort zu horchen, in seiner Gegenwart ruhig zu sein – dazu brauche ich meine ganze Disziplin, dazu muss ich allen Eifer aufwenden.

Im Hebräerbrief wird der menschliche Name für den Sohn Gottes, »Jesus«, neunmal in einer einzigartigen Schönheit wiederholt. Das Besondere an diesen neun Passagen ist, dass es ausschließlich darum geht, Jesus anzuschauen, ihn zu sehen oder zu ihm zu kommen. In diesen Passagen steht nichts davon, Jesus zu dienen, für ihn zu arbeiten oder für ihn aktiv zu werden.

- Hebr. 2,9: »*Wir aber sehen Jesus …*«
- Hebr. 3,1: »*Daher, heilige Brüder … betrachtet Jesus …*«
- Hebr. 4,14: »*Lasst uns festhalten an … Jesus, dem Sohn Gottes …*«
- Hebr. 6,18-20: »*Lasst uns Trost und Zuflucht nehmen … in Jesus …*«
- Hebr. 7,19-22: »*Wir nahen uns Gott … durch Jesus …*«
- Hebr. 10,19: »*Wir haben Freimütigkeit zum Eintritt in das Heiligtum durch das Blut Jesu …*«
- Hebr. 12,2: »*Wir schauen hin auf Jesus, den Anfänger und Vollender des Glaubens.*«
- Hebr. 12,24: »*Wir kommen … zu Jesus, dem Mittler eines neuen Bundes.*«
- Hebr. 13,12+13: »*Darum lasst uns hinausgehen zu Jesus …*«

Das Geheimnis des Christenlebens ist: »… betrachte Jesus …«!

Wenn wir eifrig sind und uns in der Gemeinschaft mit ihm zu leben üben, dann werden wir auch spüren, dass er lebt. Darum geht es im nächsten Kapitel.

KAPITEL 7
Gefühl und Sprache in der Beziehung zu Gott

Mit einem Menschen zu kommunizieren heißt: mit diesem Menschen reden. Zu Gott beten heißt: mit Gott reden. Von Anbeginn der Schöpfung war es Gottes Absicht, Worte zu verwenden, um sich selbst den Menschen zu offenbaren. Gott hätte wahrscheinlich auch irgendein anderes Medium erfinden können, um mit seinen Menschenkindern zu kommunizieren, hat sich aber dafür entschieden, sich der Sprache zu bedienen. Der Bibelvers, welcher wegen seiner unendlichen Tiefe und Göttlichkeit in Gold gedruckt sein sollte, steht geschrieben in Johannes 1,1, wo wir lesen: *»Am Anfang war das Wort…«*

Gott bezeichnet sich selbst und seinen Sohn Jesus Christus als »das Wort«. Und in den ersten Versen der Bibel lesen wir: *»Am Anfang schuf Gott… und er sprach…«*

Gott hat von Beginn an geredet, er schuf die Sprache als Instrument, um mit seinen Geschöpfen zu kommunizieren. Aus diesem Grund ist die Gabe des Redens eine geistliche Gabe von Gott.

> Aus diesem Grund ist die Gabe des Redens eine geistliche Gabe von Gott.

Die Sprache ist ein Geschenk Gottes an die Menschen und als ein solches sollten wir sie verwenden. Ohne Worte wäre es unmöglich, unser Leben ganzheitlich ausdrücken zu können. Sogar die tiefsten Gefühle im Menschen wollen mit Worten ausgedrückt werden. Da ich relativ oft auf Flughäfen auf die nächste Maschine warte, habe ich ab und zu das Vorrecht, ein paar Fetzen eines Gesprächs zweier Verliebter mitzuhören, da man seinen Platz nicht immer selbst auswählen kann. Ob es nun eine Abschiedsszene ist oder ein Telefongespräch mit dem Handy, nach zehn Sekunden weiß man, ob es sich um ein verliebtes Paar handelt oder nicht. Der Verliebte redet eine halbe Stunde am Handy, bevor er es im Flugzeug abschalten muss, obwohl er seiner Frau oder Freundin nichts Informatives zu sagen hat. Das heißt, wenn dieses Telefongespräch, welches übrigens einiges Geld kostet, nicht stattgefunden hätte, so wäre keiner der beiden weniger informiert und ausgerüstet für den Tag.

Dieses Gespräch ist jedoch unheimlich wichtig, denn sie haben ihr Leben miteinander geteilt, sie haben sich selbst mitgeteilt. Obwohl sie sich nichts Informatives zu erzählen haben, strahlt er über das ganze Gesicht, lächelt eine halbe Stunde und ist traurig, wenn er beim Einsteigen ins Flugzeug sein Handy ausschalten muss. Und das aus einem ganz einfachen Grund – er liebt die Person am anderen Ende der Telefonverbindung.

Jesus, die Nummer 1 im Leben?

Als Christen behaupten wir in Liedern, im Gebet und in Predigten, dass Jesus Christus jene Person ist, die wir am meisten lieben, dass er die Nummer eins in unserem Leben ist. Nun, wenn das so ist, wie sieht es dann mit unserer Kommunikation mit ihm aus? Reden wir mit ihm wie mit einem Geliebten und fällt es uns schwer, wenn wir aus irgendeinem Grund das Gespräch unterbrechen müssen? Aufgrund eigener Erfahrung und vieler Gespräche mit Christen muss ich feststellen, dass eher das Gegenteil der Fall ist. Ich habe noch keinen einzigen Christen getroffen, der gesagt hätte: »Es ist unglaublich, ich habe heute schon wieder zu lange mit Gott geredet, ich habe schon wieder zu viel gebetet!« Das habe ich noch nie gehört, aber nicht selten bekomme ich die Frage gestellt: »Was soll ich nur tun? Ich probiere täglich zu beten, aber es ist eine

»Ich spüre nichts, wenn ich bete, ich erlebe Gott einfach nicht!«

Qual. Ich spüre nichts, wenn ich bete, ich erlebe Gott einfach nicht!« Ich weiß genau, wovon diese Menschen reden, und leider haben manche dieser Leute in ihrer Frustration ganz aufgehört zu beten oder sich sogar von Gott abgewandt, weil es »sowieso nicht funktioniert«.

In Bereichen unseres Lebens, in denen wir unsicher sind, jedoch durch unsere Position oder Persönlichkeit nicht die Freiheit haben, das zuzugeben, versuchen wir schnell und mit einer Autorität, der niemand zu widersprechen wagt, eine Antwort zu formulieren. Wenn Studenten und Gäste früher zu mir als Leiter eines christlichen Zentrums kamen und ihr Herz darüber ausschütteten, dass sie Gott einfach nicht erlebten, hatte ich eine kurze und sichere Antwort für sie parat. Und die hieß: »Schau nicht darauf, was du im Gebet fühlst oder erlebst, denn vor Gott ist nur wichtig, was du glaubst und weißt. Es ist nicht wichtig, Gott im Gebet und im Alltag zu erfahren, sondern wichtig ist: allein zu glauben, dass er da ist!« Nun, diese Antwort ist halb richtig und damit halb falsch. Mit der Halbwahrheit ist es immer so eine gefährliche Sache, speziell dann, wenn wir uns an der falschen Seite festhalten. Dass wir unser Leben als Christ nicht an Gefühlen festmachen dürfen, ist absolut korrekt. Aber sie wegzuerklären, zu ignorieren oder zu unterdrücken ist auch nicht richtig. Denn Gott, der Schöpfer, hat uns mit unseren Gefühlen geschaffen. Welch wunderbare Sache unsere Emotionen doch sind! Wie leblos, steril, ja wie furchtbar wäre eine Liebesbeziehung ohne diese! Auf die Frage nach dem größten Gebot antwortete Jesus: *»Du sollst den Herrn, deinen Gott, lieben mit deinem ganzen Herzen und mit deiner ganzen Seele und mit deinem ganzen Verstand!«* (Mt. 22,37). Und damit ist auch unser Gefühlsleben gemeint.

Wenn ein Leben mit dem Herrn Jesus Christus eine lebendige Beziehung zum lebendigen Gott bedeutet, ja sogar eine Liebesbeziehung mit Gott ist, dann müsste man doch erwarten, dass auch unsere Emotionen in dieser Beziehung zum Ausdruck kommen sollten. Denn sonst würde ich infrage stellen, ob eine Gottesbeziehung überhaupt eine Liebesbeziehung ist. Unsere Gefühle sind real und Gott ist an unseren Empfindungen interessiert, weil er sie geschaffen hat. Es ist sein Geschenk an uns, Farbe ins Leben zu bringen.

> Sonst würde ich infrage stellen, ob eine Gottesbeziehung überhaupt eine Liebesbeziehung ist.

Ich möchte in diesem Kapitel verständlich machen, warum wir uns oft schwertun, Gott in der Gemeinschaft zu erleben, und wie ich persönlich damit umgehe.

Die drei Sprachen, die wir sprechen

Eugene Peterson beschreibt in seinem Buch »The Gift« drei verschiedene Sprachen, die wir Menschen sprechen. Mir hat es die Augen geöffnet, warum ich mich so schwertue, im Alltag mein Leben Gott mitzuteilen, und hat mir stückweise geholfen, mich in der Einheit mit Gott zu üben.[20]

1. Sprache: Sprache der Vertrautheit

Wenn ein Baby geboren wird, dann spricht es augenblicklich die erste Sprache, wir nennen es die Babysprache bzw. die Sprache der Vertrautheit oder die Beziehungssprache. Sie ist keine geschriebene Sprache und auch keine intelligente Sprache. Die Sprache zwischen Mutter/Vater und dem Baby ist sehr arm, was den Inhalt anbelangt, jedoch sehr, sehr reich an Bedeutung, denn diese Beziehungssprache entwickelt das Vertrauen zwischen dem Kind und den Eltern.

2. Sprache: Sprache der Information

Kurze Zeit später lernt das Kind eine zweite Sprache, die Sprache der Information, auch genannt: die Sprache der Schule. Es lernt,

---

20 Eugene Peterson, The Gift, London, 1995, Marshall Pickering

dass all die schönen Dinge um es herum einen Namen haben wie Berg, Wiese, Kuh, Schaf und Haus. Es lernt, dass ein Zusammenhang besteht zwischen Wolke, Regen, Gras, Kuh und Milch. Wir schicken unsere Kinder zur Schule, damit sie informiert werden über Mathematik, Geschichte, Geografie usw., deshalb nennt man diese Sprache auch die »Sprache der Schule«.

3. Sprache: Sprache der Motivation

Parallel zur Sprache Nr. 2 lernt das Kind die Sprache Nr. 3, die Sprache der Motivation. Das Kind entdeckt, dass, wenn es lange genug und laut genug schreit, es zwei erwachsene Menschen motivieren kann, Dinge zu tun, die sie nie geplant haben. Das ist Motivation. Jeder von uns wird durch Worte bewegt und wir bewegen andere Menschen mit Worten. Der Grund, warum Sie jetzt im Moment dieses Buch lesen, hat mit Sprache Nr. 2 und 3 zu tun. Irgendwie wurden Sie über dieses Buch informiert und irgendjemand bzw. irgendetwas hat Sie motiviert, das Buch zu lesen. Diese Sprache wird vor allem in der Politik und Werbung gebraucht.

Unsere Gesellschaft wird von der Sprache der Information und Motivation dominiert. Wir sind gut geschult, Dinge zu beschreiben, und wir haben gelernt, mit der Sprache Menschen zum Kauf von Dingen zu motivieren, die sie vielleicht nie brauchen, Klubs beizutreten oder jemand Bestimmten zu wählen.

Allerdings die erste Sprache, die Sprache der Vertrautheit und der Beziehung, bleibt fast auf der Strecke. Wir haben immer weniger Möglichkeiten, uns in dieser Sprache zu üben.

Es gibt zwar eine kurzlebige Wiederentdeckung dieser Sprache, und zwar wenn zwei Menschen ineinander verliebt sind oder wenn ein Mann Vater bzw. eine Frau Mutter wird. Außerdem gibt es eine Gruppe von Menschen, die fast ausschließlich diese Sprache sprechen. Und sollten wir diese Menschen je verlieren, so wird unsere Gesellschaft noch weiter verarmen; es sind geistig behinderte Menschen. Sie sprechen fast ausschließlich die Sprache der Beziehung und Vertrautheit.

Gebet, Kommunikation mit dem lebendigen Gott, ist vor allem diese erste Sprache, die Sprache der Vertrautheit. *Wenn wir beten, müssen wir Gott nicht informieren, denn Gott weiß wesentlich mehr als wir.*[21] *Wir müssen im Gebet Gott auch nicht motivieren, denn Gott ist moralisch viel, viel besser, als wir auf Erden je sein werden.* Was bleibt dann noch übrig? Sprache Nummer eins, die Sprache der Beziehung. Natürlich beinhaltet die Sprache der Vertrautheit Information und Motivation, aber sie beschränkt sich nicht nur darauf. Sie beinhaltet, dass ich meine Gefühle preisgebe, offen und ehrlich darüber bin, wie es mir wirklich geht, und so zu Gott komme, wie ich wirklich bin, mit all meinen Zweifeln, Ängsten und Freuden.

Wenn wir beten, müssen wir Gott nicht informieren, denn Gott weiß wesentlich mehr als wir.

Der Grund, warum wir uns so schwertun, im Alltag mit Gott zu leben und zu kommunizieren, ist ganz einfach der – wir haben diese erste Sprache entweder nie richtig gelernt, weil in unserem Elternhaus vielleicht nie ehrlich über Gefühle gesprochen wurde, oder wir haben sie über die Jahre verlernt. Wenn es also die Aufgabe der Predigt ist, Menschen zu Jesus Christus hinzuführen, dann ist eine Aufgabe der Lehre, den Christen zu helfen, wieder beten zu lernen, wie man praktisch im Alltag mit Gott lebt.

---

21 Mt. 6,7+8: »Wenn ihr aber betet, sollt ihr nicht plappern wie die von den Nationen; denn sie meinen, dass sie um ihres vielen Redens willen erhört werden. Seid ihnen nun nicht gleich! Denn euer Vater weiß, was ihr benötigt, ehe ihr ihn bittet.«

Jesus spricht: »Wenn ihr nicht werdet wie die Kinder ...«

Kleinkinder haben kaum Probleme, diese erste Sprache zu praktizieren. Vor einigen Jahren luden wir ein Missionarsehepaar aus Indien ein, für eine Woche in unserer Frühstückspension zu wohnen. Ihre beiden Kinder sprachen kein Wort Deutsch und unsere Kinder, ungefähr im selben Alter, sprachen kein Wort ihrer Sprache. Es war faszinierend zu beobachten, wie diese vier Kinder die Woche über miteinander spielten, sich köstlich den ganzen Tag lang unterhielten und am Ende der gemeinsamen Zeit als Freunde auseinandergingen. Sie haben zwar kaum ein Wort vom anderen verstanden, haben sich aber bestens miteinander unterhalten. Ich glaube, das hat Jesus Christus vielleicht gemeint, als er zu den Erwachsenen sagte: »*Wahrlich, ich sage euch, wenn ihr nicht werdet wie die Kinder, so werdet ihr nicht in das Himmelreich hineingehen*« (vgl. Mt. 18,3).

Die Aufforderung von Jesus hier bedeutet nicht, kindisch oder verantwortungslos zu sein, sondern so unbeschwert und vertrauensvoll zu Gott zu kommen, wie Kinder es uns vorleben.

Urlaub in Spanien

Nachdem Hannelore und ich wegen der Kinder, neuen Aufgaben etc. über zehn Jahre hinweg keinen gemeinsamen Urlaub mehr als Ehepaar erlebt hatten, entschlossen wir uns im Herbst 2000 dazu, für fast zwei Wochen alleine nach Spanien zu fliegen, nur sie und ich. Wir freuten uns beide enorm auf diesen Urlaub und hatten große Erwartungen. Endlich alleine!

Obwohl das Wetter schön, das Wasser klar und das Essen gut war, konnten wir die ersten Tage kaum genießen, denn wir wussten nicht mehr, worüber wir eigentlich miteinander reden sollten. Zu Hause ist das kaum ein Problem, da gibt es tonnenweise Gesprächsmaterial. Zur Auswahl stehen die Kinder, Hausgäste, Studenten, Mitarbeiter, unsere Hasen, Verwandte, Nachbarn, Bergrettungsdienst, Kirchengemeinde oder Freunde. Aber hier in Spanien gab es die alle nicht, nicht einmal Hasen, es gab nur uns zwei. Es dauerte mehrere Tage und kostete uns einige Tränen, bis wir wieder neu lernten, miteinander zu reden, unser Leben dem anderen mitzuteilen, wieder eine innige und liebevolle Beziehung aufzubauen.

Um diese liebevolle Beziehung wieder neu zu entflammen, hat es nicht genutzt, nur steif dazusitzen und meine Emotionen zu unterdrücken. Ich glaube auch nicht, dass Hannelore sich verstanden gefühlt hätte, wenn ich angefangen hätte zu hüpfen, zu rollen oder zu bellen.

Nein, ich musste neu lernen, mir bewusst *für sie Zeit zu nehmen*, ohne dabei etwas erreichen zu wollen, sondern nur zu fragen: »Wie geht es dir eigentlich?« Ich musste lernen zuzuhören, was sie empfindet, und mich darauf einlassen. Ich musste offen werden, meine Gefühle ehrlich mitzuteilen, ohne zu versuchen, etwas zu manipulieren. Es hat uns viel Mühe und Anstrengung gekostet, aber es hat sich tausendfach gelohnt, denn es wurde ein wunderschöner Urlaub mit Spaß, mit Lachen und mit vielen guten und tiefen Gesprächen.

Wir haben die Sprache Nr. 1, die Sprache der Vertrautheit, wieder neu entdeckt. Natürlich beinhaltet diese erste Sprache immer Information und Motivation, aber sie geht tiefer. Ich informiere Hannelore nicht nur, damit sie etwas weiß und somit »funktioniert«, ich motiviere sie nicht nur, damit ich ein bestimmtes Ziel des Tages erreiche, sondern ich spreche mit ihr, öffne mich und höre ihr zu, weil ich sie liebe.

> Wir haben die Sprache Nr. 1, die Sprache der Vertrautheit, wieder neu entdeckt.

Mir hat es sehr viel Mut gemacht zu erleben, dass ich diese Sprache der Beziehung mit meinem Ehepartner immer wieder neu lernen kann, denn somit besteht auch die realistische Möglichkeit, diese Kommunikation mit meinem Herrn Jesus immer wieder neu zu lernen.

Persönliche Erlebnisse im Reden dieser Sprachen

Beten war für mich über viele Jahre hinweg eine notwendige Pflicht, die ich tun soll, weil ich eben Christ bin. In meinem Fall war es vielleicht sogar besonders frustrierend, weil ich beim Beten immer eingeschlafen bin, egal, ob ich auf einem Stuhl saß oder am Bett kniete. Weil aber die Bibel sagt, man solle in sein Kämmerlein gehen, um alleine mit Gott zu beten, dachte ich mir, das sei die einzige Art, es zu praktizieren. Nach Jahren voller erfolgloser Versuche gab ich das Gebet mehr oder weniger auf und kam zu dem Schluss, dass Beten einfach nicht meine Sache ist.

Ich las ab und zu ein Buch über das Gebet und befolgte schließlich den Ratschlag eines Autors, eine Fürbittenliste zu erstellen und täglich für die genannten Personen zu beten. Auch das habe ich dann, gemeinsam mit meiner Frau, gemacht und wir haben uns damit so recht und schlecht über ca. zwei Jahre gequält. Schließlich sagte ich Gott, dass mich das fürchterlich langweilt, und ich hatte das Gefühl, dass es Gott ebenso erging wie mir. Also habe ich auch das aufgegeben. Um nicht missverstanden zu werden, möchte ich hier hinzufügen, dass Gebetslisten sehr wertvoll sein können und ich inzwischen auch wieder eine verwende. Zu dieser Zeit meines Lebens jedoch bestand mein Gebet darin, dass ich Gott über diese Menschen informierte und versuchte, ihn zu motivieren, doch etwas Gutes für diese Leute zu tun. Als ich 1991 zum Direktor des christlichen Freizeit- und Bibelschulzentrums Tauernhof berufen wurde, beschloss ich, den Vorbildern der alten Kirchenväter zu folgen, und sagte mir: »Ich werde von nun an jeden Tag um fünf Uhr früh aufstehen und eine Stunde lang beten, selbst wenn es mich umbringt!« Das Ergebnis? Es hat mich umgebracht! In der Regel war ich schon recht froh, wenn ich es rechtzeitig zum Frühstück schaffte.

»Ich werde von nun an jeden Tag um fünf Uhr früh aufstehen und eine Stunde lang beten, selbst wenn es mich umbringt!« Das Ergebnis? Es hat mich umgebracht!

Spaziergänge mit Gott

Doch dann habe ich begonnen, mit meinem Herrn Jesus spazieren zu gehen. Manchmal in der Früh, manchmal tagsüber, meistens jedoch am Abend. Und obwohl ich mir vornahm, nur eine Viertelstunde mit ihm spazieren zu gehen, war ich immer öfter eine Stunde lang und länger mit ihm unterwegs. Nicht selten tut es mir sehr leid, wenn ich vom Spaziergang in den Alltag des Unterrichtens oder der Administration zurückkehren muss, so wie es mir oft leidtut, mich von Hannelore zu trennen, wenn wir gerade ein gutes Gespräch haben.

Bei diesen Spaziergängen habe ich auch nie systematisch oder nach einer gewissen Vorlage gebetet, so wie ich es in manchen Büchern gelesen habe. Ich fing an, Gott einfach alles zu erzählen, was mir am Herzen lag, manchmal sagte ich eine halbe Stunde über gar nichts, dann formulierte ich wieder eine Predigt, während ich so dahinspazierte. Einige Male kniete ich mich mitten im Wald auf den Boden, dann sprang ich vor Freude hoch oder summte ein Lied vor mich hin. Ich fing an, Gott Fragen zu stellen, und konnte mit ihm über Peinlichkeiten lachen. Es hat mir auf einmal Spaß gemacht, mit Gott zusammen zu sein. Ich begann, mit Gott spazieren zu gehen »in der Kühle des Abends«, so wie Adam. Und wissen Sie, was ich festgestellt habe? Das ist Leben im Paradies! Denn Paradies ist nichts anderes, als in dieser innigen Beziehung mit Gott zu leben. Dazu sind wir für die Ewigkeit bestimmt und es sind die meisterfüllten Momente auf dieser Erde, wenn wir die »Ewigkeit schmecken«, wenn wir mit Gott unterwegs sind.

Zu Beginn meiner Gebetsspaziergänge war ich mir allerdings nicht mehr ganz sicher, ob das Ganze nun offiziell als Gebet oder als sogenannte Stille Zeit »durchgeht«, denn schließlich, so dachte ich, soll Gebet doch eine ernste und harte Sache sein.

Was Gott mir in den vergangenen Jahren jedoch zunehmend gezeigt hat: Er freut sich extrem über die Zeit, die ich mit ihm verbringe, und er hat daran genauso viel Spaß und Freude wie ich!

Das Wertvollste, was wir Gott geben können, ist unsere Zeit.

Gott segnet mein Leben und meinen Dienst, er tat und tut Dinge, für die ich gar nicht gebetet habe. Ich durfte lernen, dass es nicht meine Gerechtigkeit, meine Spiritualität oder meine Gebete sind, die Großes bewirken, sondern Christus. Ich muss nur in der »Wahrheit wandeln«, »in Christus bleiben«, »eins sein mit ihm«, dann kann er Dinge tun, die ich nicht tun kann. Gott freut sich an meinen Spaziergängen, denn das Wertvollste, was wir Gott geben können, ist unsere Zeit.

Immer nur reden

Ich erinnere mich noch an die ersten Verabredungen mit Mädchen in meiner Teenagerzeit. Das Allerpeinlichste bei meinen ersten Rendezvous war, wenn man nicht mehr wusste, worüber man reden sollte. Dreißig Sekunden Stille fühlten sich an wie ein ganzer Monat. Wenn man einen Menschen nicht gut kennt, kann Stille sehr peinlich sein. Heute bin ich fast 17 Jahre verheiratet und Hannelore und ich genießen es, einfach zusammen zu sein, ohne reden zu müssen. Wir können miteinander schweigen, weil wir uns inzwischen kennengelernt haben. Wenn wir im Gebet mit Gott immer reden müssen, dann ist das unter Umständen ein Zeichen dafür, dass wir ihn noch nicht allzu gut kennen. Wenn uns Stille im Gebet peinlich ist, dann ist dies ein Zeichen unserer Unsicherheit in der Gegenwart Gottes.

Manchmal habe ich es geschafft, zehn bis zwanzig Minuten ohne Unterbrechung mit Gott zu reden, danach kam das »Amen« und ich war überzeugt, dass ich eine ganz fantastische Stille Zeit mit Gott gehabt hatte. Allerdings bin ich mir nicht sicher, ob Gott auch dieser Meinung war, denn er kam eigentlich nie zu Wort. Natürlich habe ich versucht, auf die Stimme Gottes zu warten, auf seine Stimme zu hören. Nach jedem Gebet gab ich ihm 30 Sekunden Zeit und dachte, falls er etwas zu sagen hatte, hatte er jetzt die Möglichkeit dazu. Spätestens nach einer Minute kam ich zu dem Schluss, dass er mir wieder nichts zu sagen hatte, sagte »Amen« und hängte damit den Hörer wieder auf.

Inzwischen bin ich dabei, Folgendes zu lernen: Nachdem ich »Amen« gesagt habe, rede ich einfach weiter mit Gott und gebe ihm die Möglichkeit, den ganzen Tag über mit mir zu kommunizieren. Ich werde in Kapitel 10 noch näher darauf eingehen, wie man die Stimme Gottes hören kann und wie ich das persönlich erlebe.

Vor Jahren habe ich ein englischsprachiges Buch gelesen mit dem Titel: »Steh nicht einfach rum, sondern bete!« Ist es nicht fantastisch, Christ zu sein!? Ich muss keine einzige Minute meines Lebens einfach herumstehen, sondern kann zu jeder Zeit und an jedem Ort in ein persönliches Gespräch mit dem Schöpfer des Universums und dem Liebhaber aller Menschen treten.

Fundamentale Zweifel

Ich habe in meinem Leben auch festgestellt, dass ich, wenn ich am Wort Gottes zweifle, über eine Situation im Leben verwirrt bin und in einer unsicheren Lage Angst empfinde, allein durch die Gemeinschaft mit Gott wieder Klarheit, Sicherheit und Zuversicht gewinne.

Ich hatte und habe zum Teil immer noch fundamentale Zweifel am Wort Gottes, der Bibel. Manchmal betrete ich eine Kanzel und bin mir gar nicht sicher, ob ich überhaupt glaube, was ich predige. Verschiedenste Faktoren wie persönliches Leid, Scheidungen unter Christen, der Zustand der Welt und vieles mehr lassen mich stark an dem zweifeln, was die Bibel sagt. Diese Zweifel zerreißen mich beinahe innerlich und ich komme zur Überzeugung, dass ich nur deshalb an das Wort der Bibel glaube, weil ich es glauben will. Aus der Psychologie weiß man, wenn ein Mensch irgendetwas nur stark genug glaubt, dass dieser Glaube ihn dann auch ein Stück weit tragen kann und sozusagen »funktioniert«. In diesen Momenten mit existenziellen Zweifeln habe ich versucht, mit anderen Menschen darüber zu reden, den Grund meiner Zweifel zu analysieren, mir Gegenargumente vor Augen zu führen oder noch mehr in der Bibel zu lesen. Ich hatte jedoch wenig Erfolg damit. Ich habe festgestellt, dass nur *eine* Sache mir in diesen Momenten wirklich hilft: mit Gott spazieren zu gehen, obwohl ich gefühlsmäßig gar nicht glaube, dass er existiert. Mich bei ihm auszusprechen und ihm alle meine Zweifel hinzuwerfen, ehrlich zu sein mit ihm. Und indem ich mich bei Gott ausspreche, erfahre ich immer wieder den Frieden Gottes auf eine Art und Weise, die nur schwer zu erklären ist. Ich empfange eine Gewissheit und Zuversicht, die weit über die Psychologie hinausgeht. Ich weiß auf einmal wieder, dass Jesus lebt und in meinem Leben gegenwärtig ist. Dieses Wissen kann dann auch nicht mit Einbildung verwechselt werden (auch das kenne ich

Ich hatte und habe zum Teil immer noch fundamentale Zweifel am Wort Gottes, der Bibel.

aus meinem Leben), sondern ist realer als die mich umgebende Wirklichkeit. Paulus beschreibt diese Gewissheit im Brief an die Philipper, wo er sagt: »*Und der Friede Gottes, der höher ist als alle Vernunft, bewahre eure Herzen und Sinne in Jesus Christus!*« Es ist ein Friede, der nicht gegen die Vernunft steht, sondern weit über diese hinausgeht. Dieser Friede kann nur erfahren werden, indem man sich schlicht und einfach auf ihn und sein Wort einlässt. Nur dann erfährt man die Gegenwart und die Kraft des Heiligen Geistes, des Trösters.

Der wahre Tröster

So dankbar ich für Geschwister und Freunde im Herrn Jesus bin, so sehr verstehe ich auch Hiob, der über seine drei Freunde sagte: »*Mühsame Tröster seid ihr alle …*« (Hiob 16,2). Der wahre Tröster ist tatsächlich Gott selber und in der Gegenwart seines Heiligen Geistes erfahren wir Trost, Zuversicht und wahre Hoffnung, nicht nur für dieses Leben, sondern weit darüber hinaus.

Eine weitere Hilfe, Gott in meinem Gebetsleben zu erfahren, war und ist die »Abba-Erfahrung«. Mehr dazu im nächsten Kapitel.

KAPITEL 8
Die Abba-Erfahrung

Jesus ist, so wie in allen Belangen des Lebens, das beste Vorbild in der Gebetssprache mit Gott. Jesus redete stets die Beziehungssprache, wenn er betete. Sein Ziel im Gebet war es nicht, seinen Vater im Himmel zu informieren, denn er wusste, dass sein Vater alles weiß. Er versuchte auch nicht, ihn zu irgendetwas zu bewegen oder gar zu zwingen, sondern stellte sich stets unter den Willen seines Vaters. Er war immer offen und ehrlich zu seinem Vater und als er im Garten Gethsemane den Kelch vor sich sah mit dem Abschaum der Welt, mit aller Sünde, die sich aufgehäuft hatte, und den er trinken sollte, da bekannte er seinem Vater, wie schwer es ihm fiel, diesen Kelch zu trinken, obwohl er wusste, dass er genau dazu auf diese Erde gekommen war: nämlich die Sünde der Welt auf sich zu nehmen, sie zu »trinken«, sogar »zur Sünde zu werden« (2. Kor. 5,21), damit wir frei sein können.

Wenn Jesus mit seinem Vater redete, dann nannte er ihn: *»Abba, Vater«* (Mk. 14,36)! Abba heißt so viel wie »Papa« oder »Vati« und drückt damit die innige, vertrauensvolle Beziehung zwischen Vater und Sohn aus. Jesus näherte sich seinem Vater stets als der geliebte Sohn in dem Wissen, dass sein Vater ihn versteht und hört.

Wir können den Menschen nicht genügend geben, wenn wir immer von Menschen umringt sind.

In Johannes 12,49+50 sagt Jesus sogar: *»Der Vater … hat mir ein Gebot gegeben, was ich sagen und was ich reden soll … Was ich nun rede, rede ich so, wie mir der Vater gesagt hat.«*

Wenn Jesus immer nur das sagte, was sein Vater ihm mitgeteilt hatte, dann muss er sehr viel Zeit im Hören auf seinen Vater verbracht haben. Eben weil er stets auf seinen Vater hörte, hatte er immer etwas Wesentliches zu sagen. Der Grund, warum wir Christen heute oft so wenig zu sagen haben, liegt darin, dass wir wenig Zeit im Hören auf Gott verbringen. Wir können den Menschen nicht genügend geben, wenn wir immer von Menschen umringt sind. Wir müssen uns Zeit nehmen, auf Gott zu hören, mit unserem Herrn alleine zu sein.

»Herr, lehre uns beten«

Als Jesus wieder einmal alleine wegging, um mit seinem Vater zu reden und auf ihn zu hören, wurden die Jünger unruhig und fingen an, ihn zu suchen. Als sie nach ihrem Herrn Ausschau hielten, fanden sie ihn betend im Gespräch mit seinem Abba. Sie haben noch nie einen Menschen so beten gesehen wie Jesus. Irgendetwas hatte sie so berührt, dass sie sogleich zu ihm gingen und Jesus baten: *»Herr, lehre uns beten …«*[22]

In diesem Moment offenbarte er seinen Jüngern das wahre Gesicht seines Vaters und sagte zu ihnen: *»Wenn ihr betet, dann sollt ihr so beten:* ›Unser Vater …‹«

Wenn wir zu Gott kommen, dann sollten wir ihn ansprechen als unseren lieben Vater im Himmel. Es mag durchaus sein, dass diese Worte für uns schon so selbstverständlich geworden sind, dass sie ihre Bedeutung verloren haben. Für die Jünger jedoch war dieses Gebet absolut revolutionär, sogar schockierend. Alle Heiligen im Alten Testament haben sich nach diesen Worten gesehnt, aber sie haben sie nie gehört. Als Jesaja, der bedeutendste aller Propheten, eine Schau Gottes hatte, rief er nur: »Heilig, heilig, heilig ist der Herr Zebaoth!« Für jeden Israeliten war und ist Gott der allmächtige, heilige, starke und ewig treue Gott. Der Gott Abrahams, Isaaks und Jakobs war immer ein persönlicher und freundlicher Gott. Und

[22] Lk. 11,1 ff.; Mt. 6,9-15

doch wagte es kaum ein Jude, den allmächtigen Gott anzusprechen, wie Jesus es seine Jüngern lehrte: »*Unser Vater …!*«

In einem Vortrag hörte ich einmal Brennan Manning[23] sagen, dass diese Worte wahrscheinlich die revolutionärste Offenbarung von Jesus an seine Jünger war, die sie je aus seinem Mund gehört hatten. Dieselben Worte, die ein Kleinkind verwendet, wenn es auf dem Schoß des Vaters sitzt, sollten die Jünger nun gebrauchen, wenn sie sich an den allmächtigen Gott wenden. Sie sollten Gott in der »Babysprache« anreden.

Wie reden wir mit Gott? Kommen wir zu Gott mit demselben Geist, mit derselben Zuversicht und mit demselben Vertrauen, mit dem ein kleines Kind zu seinem Vater geht? Glauben wir wirklich, dass wir in seinen Armen sicher sind?

Es kann sein, dass wir uns unwohl fühlen und uns kindisch vorkommen, wenn wir wie ein kleines Kind in den Schoß Gottes klettern. Es ist irgendwie demütigend und unser Stolz wehrt sich dagegen. Wir möchten lieber erwachsen sein und diese Vater-Kind-Beziehung hinter uns lassen, wir wollen selbstständig sein.

Ein kleines Kind hat kein Problem damit, in die Arme des Vaters zu laufen und um Hilfe zu bitten.

Vor Kurzem habe ich mit einem guten Bekannten gesprochen, dessen Leben in vielen Bereichen völlig zerbrochen ist. Als ich ihn fragte, warum er in der Anfangsphase der Probleme niemanden um Hilfe gebeten hatte, sagte er: »Ich tue mich sehr schwer, von irgendjemandem Hilfe anzunehmen. Ich glaube, ich muss mit meinen Problemen selber klarkommen!« Und doch – wie ein kleines Kind in den Schoß des Vaters zu kommen, ist das Wahrzeichen eines echten Gläubigen, sagt Jesus Christus. Denn er hat uns geboten, mit diesen Worten zu Gott zu kommen: »Unser Vater.« Sich Gott mit dem Geist eines Kindes zu nähern ist die einzig richtige Haltung, die wir einnehmen können.

---

[23] Autor von »The Ragamuffin Gospel«

Unseren Abba erfahren

Während einer Vortragsreise in Deutschland kam eine Frau auf mich zu, die gerade ein dreijähriges theologisches Seminar besucht hatte. Sie stellte mir eine theologische Frage, jedoch spürte ich, dass sie mehr suchte als nur die Antwort auf diese Frage. So ging ich gar nicht erst auf ihre Frage ein, sondern bat sie, mir auf zwei Fragen eine ehrliche Antwort zu geben. Meine erste lautete: »Glaubst du, dass der auferstandene Herr Jesus jetzt und hier an diesem Ort lebendig unter uns ist und wir drei in seinem Namen versammelt sind?« Ich bat sie, diese Frage nicht biblisch-theologisch zu beantworten, sondern ob sie diese Wahrheit für sich und jetzt in Anspruch nahm. Nach einigem Zögern antwortete sie mit »Ja«. Danach fragte ich sie, ob sie glaube, dass Jesus, der jetzt unter uns ist, sie so liebt und annimmt, wie sie jetzt in dem Moment ist, dass sie sich nicht ändern müsse, um seine Liebe zu erlangen, und dass sie in die Arme von ihrem Abba laufen dürfe, weil sie ein geliebtes Kind Gottes ist und für immer bleibt. Sie blieb für Minuten still und kämpfte innerlich um eine Antwort. Tränen standen in ihren Augen, jedoch nach einigen Minuten blickte sie auf und sagte halb lachend und halb weinend: »Ja!«

Diese »Abba-Erfahrung« brauche ich selbst immer wieder von Neuem und ich wünsche jedem Kind Gottes, diese Erfahrung täglich neu zu machen.

»Meine Kinder«

Ich muss immer schmunzeln, wenn ich in Johannes 13,33 lese, dass Jesus seine Jünger als »Kinder« ansprach. Das waren ausgewachsene Seeleute mit Vollbart, gleich alt oder sogar älter als Jesus selbst. Und doch spricht er sie an als »meine Kinder«. Wann hat Sie jemand zum letzten Mal mit den Worten gerufen: »Mein Kind«?

Der Apostel Paulus greift dieses Thema in Römer 8,15 auf: *»Denn ihr habt nicht einen Geist der Knechtschaft empfangen, wieder zur Furcht, sondern einen Geist der Sohnschaft habt ihr empfangen, in dem wir rufen: Abba, Vater!«* Wenn wir zu Gott reden, dann dürfen wir es als seine geliebten Kinder tun, die sicher und geborgen in seiner Gegenwart sind. Das Gebet ist das Wahrzeichen eines wahren Gläubigen und es tut der Seele unheimlich gut.

Frage

Wie fühlen Sie sich, wenn Sie daran denken, dass Jesus Christus Sie ansieht und mit folgenden Worten anspricht: »Mein liebes Kind …«? Ist es Ihnen peinlich oder ist es völlig natürlich?

Denken Sie daran: Zu Gott zu kommen als »sein geliebtes Kind« ist das Wahrzeichen eines wahrhaft Gläubigen!

KAPITEL 9

Beten ohne Unterlass

Wie kann so ein Gespräch mit Gott nun praktisch funktionieren und welche Anweisungen gibt uns das Wort Gottes dazu? Bereits in meinen ersten Jahren als Christ war mir der kurze Satz des Apostels Paulus an die Christen in Thessaloniki ein Rätsel, wo er alle Gläubigen ganz selbstverständlich auffordert: »Betet ohne Unterlass« oder »Betet unablässig«.[24]

Für mich war diese Stelle ein Einzelvers, den man nicht so verstehen kann, wie er dasteht, denn es war in meinen Augen völlig unrealistisch, den ganzen Tag über zu beten. Damit habe ich den bloßen Gedanken daran sofort wieder verworfen.

Erst seit Kurzem habe ich von einem Theologen und lieben Freund gelernt, dass Paulus diese Gebetshaltung eines Christen nicht nur einmal geboten hat, sondern zwanzigmal in seinen Briefen an Christen mit verschiedenen Worten beschreibt.

Hier einige Beispiele:

- Unablässig oder ohne Unterlass beten … (1. Thess. 1,2; 2,13; Röm. 1,9; Kol. 1,9; 2. Tim. 1,3)
- Tag und Nacht inständig beten … (1. Thess. 3,10)
- Allezeit beten … (2. Thess. 1,3; 2,13; 1. Kor. 1,4; Eph. 6,18; Kol. 1,3; 4,12; Phil. 1,3; Philemon 4)
- Allezeit flehen im Gebet … (Röm. 1,10)
- Beharrlich beten … (Röm. 12,12; Kol. 4,2)
- Nicht aufhören zu beten … (Eph. 1,6; 6,18)

---

24 1. Thess. 5,17

Die Psalmisten schreiben darüber, dass sie den ganzen Tag beten und Tag und Nacht zu Gott rufen (Ps. 86,3; 88,2+3). Darüber hinaus gebietet uns der Herr Jesus selber, allezeit wach zu sein und zu beten und Tag und Nacht zu ihm zu rufen (Lk. 21,36; 18,1+7).

Damit wissen wir einmal mehr, dass es gut, recht und biblisch ist, nicht nur hier und da zu beten, sondern ständig mit Gott in Kontakt zu sein. Doch wie kann ich das im Alltag praktizieren? Jemand sagte einmal: »Die Schwierigkeit ist nicht, die nötige Stille zu finden, um mit Gott zu kommunizieren (obwohl das schwierig genug ist), sondern im Getriebe des Alltags mit Gott in Verbindung zu bleiben und in der Hektik der Arbeit seine Stimme zu hören.«

Tagebuch von Frank Laubach

Ein große Hilfe in diesem Punkt war mir das Tagebuch von Frank Laubach.[25] Er (1884–1970) war Missionar auf den Philippinen und wohnte auf der Insel Mindanao, um dort unter den islamischen Moros zu arbeiten. Er war in seiner Beziehung zu Gott so frustriert, dass er schließlich begann, willentlich in dieser ständigen Gottesnähe zu leben, ohne Unterlass zu beten und sich darin zu üben, in dieser ständigen Kommunikation mit Gott zu bleiben. Seine Erfahrungen hat er in einem Tagebuch festgehalten.

Es ist nicht meine Absicht, eine Theologie aus seinen Erfahrungen zu propagieren. In manchen Dingen stimme ich auch nicht mit Frank Laubach überein. Jedoch hat mir sein Tagebuch geholfen, »das Rad ins Rollen zu bringen«.Vielleicht bewirkt es dasselbe für Sie. Diese kurzen, ins Deutsche übersetzten Auszüge habe ich der Zeitschrift »AUFATMEN« entnommen:[26]

---

[25] Brother Lawrence & Frank Laubach, Practicing His Presence, 1973, Georgia USA, The Seed Sowers

[26] Zeitschrift AUFATMEN, Ausgabe Winter 2000/2001, Nr. 1/2001

»20. Jan. 1930:
Obwohl ich seit 15 Jahren Missionar und Pfarrer bin, lebte ich nicht jeden Tag und nicht jede Minute im Willen Gottes. Eine tiefe Unzufriedenheit veranlasste mich vor zwei Jahren dazu, einmal zu versuchen, mein Handeln etwa alle 15 oder 30 Minuten mit dem Willen Gottes in Einklang zu bringen.

26. Jan. 1930:
Gestern und heute habe ich ein neues Abenteuer ausprobiert, das nur schwer zu erklären ist. Ich spüre Gott durch einen bewussten Akt des Willens. Ich will, dass er meine Finger leitet, wenn sie jetzt auf der Schreibmaschine schreiben. Ich will, dass er in meinen Schritten ist, wenn ich laufe, dass er meine Worte lenkt, wenn ich rede, und in meinen Kiefern, wenn ich esse. Wahrscheinlich hast du deine Einwände gegen eine solche Introspektion. Versuche es nicht, solange du nicht in deiner Beziehung zu Gott selbst so unzufrieden bist wie ich …

29. Jan. 1930:
Ich habe das Gefühl, dass ich jede Stunde einfach getragen werde … Es ist dieses Gefühl, mit Gott auch in den kleinsten Dingen zusammenzuarbeiten, das mich so erstaunt und das ich noch nie zuvor gekannt habe … Meine Aufgabe ist es, in dieser Stunde im ständigen inneren Gespräch mit Gott zu bleiben und unbedingt auf seinen Willen zu reagieren, damit diese Stunde reich und herrlich wird.

1. März 1930:
Wie ›praktikabel‹ ist das nun für den normalen Menschen? Ich denke, selbst ein Bauer könnte so leben: seine Augen auf der Furche, seine Hände an den Zügeln, die Gedanken aber bei Gott. Auch die Millionen an den Webstühlen und Drehbänken könnten herrliche Stunden erle-

»Die Stunde eines Nachtwächters könnte zur herrlichsten Stunde werden, die je ein Mensch auf Erden erlebt hat.«

ben. Die Stunde eines Nachtwächters könnte zur herrlichsten Stunde werden, die je ein Mensch auf Erden erlebt hat.

15. März 1930:
In jedem wachen Augenblick habe ich diese Woche auf ihn geblickt, vielleicht mit Ausnahme von einer Stunde oder zwei.

19. April 1930:
Wenn dieser Bericht über den Kampf einer Seele auf der Suche nach Gott vollständig sein soll, dann darf er auch die Geschichte von Schwierigkeiten und Versagen nicht ausklammern. Ich habe es bis jetzt noch nicht sehr weit gebracht. Diese Woche zum Beispiel war nicht die beste meines Lebens, aber ich bin fest entschlossen, nicht aufzugeben …

22. April 1930:
Heute Morgen habe ich wieder ganz neu angefangen und habe Gott ganz nah im Sonnenaufgang erlebt. Dann habe ich versucht, ihm beim Rasieren, beim Anziehen und beim Frühstücken die Kontrolle über meine Hände zu übergeben … Oh, dieser Versuch, ständig in Kontakt mit Gott zu bleiben, *ihn zum Gegenstand meines Denkens zu machen und zum Gegenüber in meinen Gesprächen* ist das Erstaunlichste, was ich je erlebt habe. Und es funktioniert. Ich schaffe es zwar noch keinen halben Tag lang – noch nicht, aber ich glaube, dass es eines Tages einen ganzen Tag gelingen wird. Es geht darum, sich neue Denkgewohnheiten zuzulegen. Jetzt freue ich mich so an Gottes Gegenwart, dass ich das Gefühl habe, als hätte ich etwas sehr Kostbares aus meinem Leben verloren, wenn ich auch nur für eine halbe Stunde nicht an ihn denke.«

Wenn Sie ähnlich denken wie ich, dann weiß ich genau, was jetzt in Ihren Gedanken vorgeht. Sie finden so einen Lebensstil überzogen, gesetzlich, übertrieben, auf jeden Fall aber unrealistisch. So ein Gebetsleben ist uns zu radikal, zu aufwendig, zu intensiv. Jedoch, so wage ich zu behaupten, ist dieser Lebensstil viel näher an dem Gebot der Bibel als unsere Ein- bis Fünf-Minuten-Gebete, wo wir nach dem »Amen« den Hörer oftmals wieder auflegen.

Marathon und Gebet

In Bibelschulen, auf Konferenzen und in Gemeinden frage ich des Öfteren, wie viele der Zuhörer auf der Stelle in der Lage wären, einen Marathon zu laufen, und bitte dabei um ein Handzeichen. Durchschnittlich ist in einer Gruppe von hundert Teilnehmern eine Person dabei, welche die Hand hebt. Für die große Mehrzahl ist alleine der Gedanke, 42 Kilometer durchzulaufen, eine Illusion.

Danach schlage ich vor, dass wir als Gruppe für die nächsten zwei Jahre dreimal wöchentlich zu einem Lauftreff zusammenkommen. Unter professioneller Anleitung trainieren wir und beginnen mit einem langsamen zehnminütigen Lauf.

Dann frage ich noch einmal: »Wenn wir uns über diese zwei Jahre regelmäßig treffen und dreimal die Woche laufen, wie viele von euch glauben, in zwei Jahren einen Marathon durchlaufen zu können (egal in welcher Zeit)?« Die meisten Zuhörer heben nun ihre Hand. Warum? Weil wir uns regelmäßig im Laufen geübt haben.

Paulus sagte zu seinem geistlichen Sohn Timotheus: »*Übe dich in der Gottesfurcht!*« Im Englischen gefällt es mir noch besser: »Train yourself to be godly!« (Trainiere dich in der Gottesfurcht.)

Genauso müssen wir uns in der Kommunikation mit Gott üben, unser Reden und Hören auf Gott antrainieren. Bevor wir das jedoch tun können, müssen wir unser Denken ändern, uns neue Denkgewohnheiten aneignen. Ein Vers, der mich nie verlässt, weil er in meinen Ehering eingraviert ist, steht in Römer 12,2: »*Seid nicht gleichförmig dieser Welt, sondern werdet verwandelt durch die Erneuerung des Sinnes.«*

Wir müssen erkennen und anerkennen, was der biblische Maßstab ist, und uns danach ausstrecken. Unser Denken muss erneuert werden, weil wir in vielen Bereichen falsch denken. Unter Umständen müssen wir unsere eingefahrenen religiösen Formen von Gebet abschütteln, um zu einem ganzheitlichen und authentischen Lebensstil mit Gott, unserem Vater, zu finden. Wir müssen uns darin üben, uns von Gott unterbrechen zu lassen, in jeder Stunde unseres Daseins.

Noch keinen Tag geschafft

Ich versuche, dieses bewusste Leben in der Gegenwart Gottes nun schon mehrere Jahre lang zu praktizieren. Ich muss ehrlich eingestehen, dass es mir noch keinen einzigen Tag auch nur annähernd gelungen ist. Dennoch macht es mir große Freude, mich auch heute wieder darin zu üben, manchmal mit mehr, manchmal mit weniger Erfolg. Ich schaue auf die Uhr und sage: »Vater, jetzt habe ich schon wieder fünf Stunden lang nicht mit dir geredet. Wird wieder höchste Zeit!« Und schon bin ich wieder mit ihm im Gespräch und habe ein Gegenüber für meine Gedanken, Pläne, Sorgen und Freuden. Ich mache nie ein Gesetz aus Stunden oder Tagen, sondern verwende meine Uhr als treuen Freund, der mich daran erinnert, mit meinem Vater in Verbindung zu bleiben.

Ich möchte hier noch einmal ein paar Sätze von Bruder Lawrence aus dem Buch »Practicing His Presence«[27] zitieren:

»Weißt du, was die höchste Form von Leben ist? Es gibt kein anderes Leben auf dieser Welt, das so süß und erfrischend ist wie

[27] Brother Lawrence & Frank Laubach, Practicing His Presence, 1973, Georgia USA, The Seed Sowers, Seite 66-67

ein Leben in der ständigen Gegenwart Gottes. Ich möchte jedoch hinzufügen, dass du diese Gegenwart nicht deshalb suchst, weil sie ›süß und erfrischend‹ ist. Es ist nicht die Freude an sich, die wir suchen. Diese Übung soll nur aus einer einzigen Motivation bestehen: Weil wir den Herrn lieben.

Wenn ich ein Prediger wäre, dann würde ich vor allem anderen dieses ›Bleiben in der Gegenwart Christi‹ predigen. Wenn mir die Welt zuhören würde, dann würde ich sie alle ermutigen, in seiner Gegenwart zu leben.

Wenn wir doch nur erkennen könnten, wie sehr wir auf seine Hilfe angewiesen sind. Wenn wir wirklich sehen würden, wie hilflos wir ohne ihn sind, dann würden wir ihn nie aus unseren Augen verlieren, nicht einmal für einen einzigen Moment.«

7 000 Gedanken pro Tag

Bei einer Konferenz in Brisbane (Australien) behauptete ein Psychologe, dass jeder Mensch am Tag etwa siebentausend Gedanken hat. Ich habe keine Ahnung, wie er auf die Zahl siebentausend kommt, jedoch ist es wahr, dass wir alle den ganzen Tag über an irgendetwas denken. Wir können unser Denken zwar beeinflussen, jedoch können wir nicht einfach aufhören zu denken. Solange wir leben, denken wir sozusagen »automatisch«. Da ich nun ohnehin etwas denke, ob ich nun möchte oder nicht, ist es kein weiter Schritt, diese Gedanken zu nehmen und sie mit Gott auszutauschen, sie ihm hinzulegen.

Frank Laubach hat das wunderschön formuliert: »Ich wünsche mir für mich, dass einen Menschen anzusehen dasselbe ist, wie für diesen Menschen zu beten!« Wäre das nicht eine tolle Sache, wenn wir für jeden Menschen, der uns begegnet und über den ich sowieso irgendetwas

»Ich wünsche mir für mich, dass einen Menschen anzusehen dasselbe ist, wie für diesen Menschen zu beten!«

denke, bete und ihn unter den Segen Gottes stelle? In dem Maße, in dem wir das praktizieren, uns darin üben, werden unsere Gedanken zu Gottes Gedanken, werden wir *»gleichförmig dem Bilde seines Sohnes«* (Röm. 8,29).

Der Apostel Paulus sagt im 2. Korinther 10,5 dass wir »jeden Gedanken gefangen nehmen *und unter den Gehorsam Christi bringen sollen«*.

Und an die Christen in Philippi schreibt er: *»Was wahrhaftig ist, was ehrbar, was gerecht, was rein, was liebenswert, was einen guten Ruf hat, sei es eine Tugend, sei es ein Lob* – darauf seid bedacht« (Phil. 4,8 – Luther)!

Das funktioniert ganz praktisch im Alltag. Wenn ich in den Tauernhof fahre und einen negativen Gedanken über einen Mitarbeiter habe und diesen Gedanken dann vor Gott bringe und unter den Gehorsam von Jesus Christus stelle, dann fällt es mir unheimlich schwer, weiter schlecht über diesen Menschen zu denken. Ich bitte Gott, meine Worte und mein Zuhören zu lenken, und stelle die Person unter den speziellen Schutz Gottes. Wenn ich nach Hause komme und meine Gedanken über meine Frau und Kinder vor Gott lege, sie dem Segen Gottes übergebe, dann fällt es mir sehr schwer, ihnen gegenüber unfreundlich oder ungeduldig zu sein. Darin besteht unsere tägliche Übung, unser tägliches Trainieren. In dem Maße, in dem wir Gott und sein Wort in unserem Alltag ernst nehmen, in dem Maße werden wir seinen Segen und seine Gegenwart erleben und ausstrahlen.

Warum handelt Gott nicht?

Manchmal beschuldige ich Gott, dass er im Alltag nicht eingreift, dass er teilnahmslos erscheint und schweigt. Sehr oft muss ich mir dann aber eingestehen, dass ich zwar von Gott erwarte, die momentane Situation zu ändern, jedoch nicht bereit bin, mir von Gott meine Gedanken verändern zu lassen. Ich kann nicht erwarten, dass Gott eingreift, wenn ich nicht bereit bin, mich auf sein Wort einzulassen und mein Leben mit ihm zu teilen.

Der englische Titel des letzten Buchs von John Ortberg trifft dabei den Nagel auf den Kopf: »If you want to walk on water, you've got to get out of the boat« (Wenn du auf dem Wasser gehen willst, dann musst du aus dem Boot steigen[28]). Wir müssen uns auf Gott und sein Wort einlassen, sonst können wir nicht erwarten, Gott zu erleben. Wir müssen unsere Füße »nass machen«.

Watchman Nee hat es treffend formuliert: »Wir können nicht erwarten, dass Gott sein Leben in uns auslebt, wenn wir nicht bereit sind, ihm unser Leben zu geben, in dem er leben soll.«

Mein Konfirmationsspruch aus Psalm 37,4 ist zu einem meiner Lebensverse geworden. Da spricht David: *»Befiehl dem HERRN deinen Weg und vertraue auf ihn, dann wird er handeln.«* Die Voraussetzung, dass Gott in unserem Leben handelt, ist, dass wir ihm unsere Wege und damit unser tägliches Leben anbefehlen. Es ist nicht legitim, mich nur auf den zweiten Teil dieses Verses zu berufen, wenn ich nicht bereit bin, den ersten Teil des Verses ernst zu nehmen und im Gehorsam praktiziere. Das ist nicht gesetzlich, sondern nur logisch. Auch meine Beziehung mit Gott will im Gehorsam geübt werden, damit ich mich daran erfreuen kann.

Wenn mir der Autohersteller garantiert, dass das neue Auto wunderbar läuft, wenn ich vorab Benzin einfülle, dann ist er nicht gesetzlich, sondern er gibt schlicht und einfach die Tatsachen wieder. Ich werde die Vorzüge des Autos nicht genießen können, wenn ich nicht zuvor Benzin einfülle. Erst wenn ich im Glauben und Vertrauen auf die Aussage des Autoherstellers hin den Tank fülle, werde ich erleben können, wie das Auto fährt, wie schnell es ist usw.

Genauso ist es in unserer Beziehung zu Gott. Ich muss jedoch ehrlich zugeben, dass ich sehr oft von Gott erwarte, dass er handelt,

[28] Der deutsche Titel lautet: Das Abenteuer, nach dem du dich sehnst

ich aber nicht bereit bin, mein Leben mit ihm zu teilen, mit ihm in Verbindung zu treten.

Oberflächlich und intensiv

Zum Abschluss dieses Kapitels ist es mir ganz wichtig, noch Folgendes zu sagen: Mit Gott den ganzen Tag über in Verbindung zu sein, dieser zwangsweise »oberflächliche Gedankenaustausch« mit ihm, ersetzt nicht die »intensive Gebetszeit« mit meinem Herrn.

Ich vergleiche das einerseits mit den »Gesprächsfetzen«, die ich den ganzen Tag über mit Hannelore austausche, über Rasenmäher, Wiener Schnitzel und Hasen, und andererseits mit unseren »Kaffeezeiten« oder einem gemeinsamen Abendessen. Das sind zwei verschiedene Stufen der Kommunikation und wir brauchen beide, um eine gesunde Beziehung zu bauen und aufrechtzuerhalten.

Es gilt also, Gott zu unserem Gegenüber in all unseren Gedanken zu machen, ihn in unser Alltagsleben mit einzubeziehen und ihm alle Personen hinzulegen, die uns über den Weg laufen und über die wir ohnehin etwas denken. Wie Frank Laubach fast provokativ gesagt hat: »Versuche, jede Minute für eine Sekunde an Gott zu denken!«

Überdies gilt es, unsere »Kaffeezeiten« und unsere Spaziergänge mit Gott nicht zu vernachlässigen; ihm unsere Zeit zurückzuschenken, die er uns gegeben hat. Denn unsere Zeit ist das Wertvollste, was wir ihm geben können – sie ist unser Leben.

Und vergessen Sie bitte nie, dass unsere tägliche Erfahrung in der Beziehung zu Gott Stückwerk bleiben wird, solange wir in unserem irdischen Leib zu Hause sind. Darum lassen Sie sich nicht entmutigen, wenn es wieder mal nicht funktioniert hat.

Übrigens

Werfen Sie bitte einen kurzen Blick auf die Uhr! Wann waren Sie zum letzten Mal mit Gott im Gespräch? Warum legen Sie das Buch nicht kurz zur Seite und besprechen mit ihm das letzte Kapitel!? Sagen Sie ihm ruhig ehrlich, was Sie davon halten – er versteht Sie!

KAPITEL 10

Wie kann ich Gottes Stimme hören?

Hebräer 1,1+2a: »*Nachdem Gott vielfältig und auf vielerlei Weise ehemals zu den Vätern geredet hat in den Propheten,* hat er am Ende dieser Tage zu uns geredet im Sohn …«

Im Gegensatz zu den vielen toten Götzen in dieser Welt hat der eine lebendige Gott immer zu Menschen gesprochen und er spricht auch heute (am Ende dieser Tage) zu uns durch seinen Sohn Jesus Christus. Wenn das so ist, wie hören wir dann seine Stimme?

Am Tauernhof führen wir im Winter einwöchige Skifreizeiten mit unseren hauseigenen Skilehrern durch. Einige dieser Skilehrer stoßen nur für eine Wintersaison zu unserem Team und gehen danach wieder ihrem regulären Beruf nach. Letzten Sommer, an meinem freien Tag, läutete das Telefon um sechs Uhr morgens und Christian aus Tasmanien war in der Leitung. Voller Enthusiasmus teilte er mir in meinem halb verschlafenen Zustand mit: »Hans Peter, Gott hat mich gerade freigegeben und mir gesagt, ich soll diese Wintersaison wieder als Skilehrer zum Tauernhof kommen. Er hat es mir eben gesagt und so musste ich dich gleich anrufen!«

Zwei Stunden später, beim Frühstück, teilte ich Hannelore und den Kindern die gute Botschaft mit, dass Christian von Gott freigegeben worden war und er wieder zu uns kommen würde. Darauf fragte mich unsere 10-jährige Lisa: »Aber wie weiß Christian, ob Gott geredet hat und nicht er selber?« Ein Erwachsener würde fragen: »Wie weiß Christian, ob die Stimme von Gott oder aus seinem Unterbewusstsein (oder Unbewusstsein) kam?« Ich finde, das ist eine sehr gute Frage.

Die hörbare Stimme

Wenn ich irgendwo über dieses Thema spreche, dann bitte ich manchmal um ein Handzeichen von jenen Christen im Publikum, die die Stimme Gottes schon einmal hörbar (mit dem Ohr) vernommen haben. In der Regel heben von einhundert Teilnehmern ein oder zwei die Hand. Wie sehr habe ich mich manchmal danach gesehnt, Gottes Stimme hörbar zu vernehmen. Gerade in Zeiten vor großen Entscheidungen oder in Depressionen habe ich zu Gott gerufen: »Herr, wenn du jemals zu mir redest, wenn es jemals einen Moment gibt, wo ich deine Stimme brauche, dann jetzt!« Aber ich habe bis heute noch keine Stimme gehört.

Ich war öfter frustriert darüber, wenn Pfarrer oder Prediger erzählten, wie Gott zu ihnen geredet hatte. Gott hatte ihnen gesagt, aus welchem Kapitel sie predigen sollen, er hatte ihnen gesagt, dass sie heute eine spezielle Person besuchen, einen Missionar aussenden oder Geld für das Gemeindehaus sammeln sollten. Und ich fragte mich währenddessen: »Warum spricht Gott immer nur mit denen, warum nicht einmal mit mir?«

Dann begegnete ich Christen, die laut und selbstbewusst verkündeten, dass Gott ihnen geboten hätte, etwas Bestimmtes zu tun, und eine Woche später hatte Gott offenbar seine Meinung geändert und sie taten das Gegenteil. Das hat mich verwirrt.

Eine Frau kam vor Jahren zu einem unserer Bergprogramme auf den Tauernhof und erzählte der ganzen Gruppe am ersten Tag, wie klar Gott sie hierhergeführt hat, wie deutlich er die Türen öffnete und dass er sie in dem 6-wöchigen Upward Bound-Kurs etwas ganz Besonderes lehren möchte. Eine Woche später waren wir dann auf einer Alm in einer primitiven Berghütte. Es regnete in Strömen, die Hütte war eng, es gab nur ein WC und keine Dusche. Am zweiten Tag auf dieser Hütte kam diese Frau dann auf mich zu und sagte völlig sicher: »Gott hat zu mir gesagt, dass ich doch heute schon abreisen soll!«

Vorsicht geboten

Diese und ähnliche Vorfälle haben mich verwirrt, was das Hören der Stimme Gottes anbelangt. Inzwischen habe ich viele verschiedene Kirchen und Denominationen erlebt und durfte dabei einige Dinge lernen. Sehr oft, wenn Christen behaupten, Gott hätte zu ihnen gesprochen, hatte das mit Gott in Wirklichkeit gar nichts zu tun.

Der Satz: »Gott hat zu mir gesagt …«, wird oft von jenen Christen gebraucht, die sich von niemandem belehren lassen wollen. Denn wenn sie behaupten, *Gott* hätte zu ihnen gesprochen, dann ist alles, was ich ihnen zu sagen habe, bedeutungslos.

Der Satz: »Gott hat zu mir gesagt …«, wird oft von jenen Christen gebraucht, die sich von niemandem belehren lassen wollen.

Darum möchte ich hier eine gut gemeinte Warnung aussprechen: Diesen Satz – »Gott hat zu mir gesagt …« – nur dann zu gebrauchen, wenn Sie sich 100 % sicher sind, dass es tatsächlich Gott war, der gesprochen hat. Ansonsten laufen wir Gefahr, die Stimme Gottes für unsere eigenen Zwecke zu missbrauchen, und zudem outen wir uns dabei als unbelehrbar.

Ich möchte in den folgenden Absätzen drei Themen ansprechen:

I. Wodurch (oder durch welche Kanäle) hören wir die Stimme Gottes?
II. Wie höre ich die Stimme Gottes?
III. Wie unterscheide ich die Stimme Gottes von anderen Stimmen?

I. Wodurch (oder durch welche Kanäle) hören wir die Stimme Gottes?

1. In und durch Gottes Schöpfung

Obwohl wir in einer gefallenen Schöpfung leben, ist noch genügend Schönheit vorhanden, um die Größe und Weisheit Gottes klar und deutlich zu erkennen. Ich muss kein einziges Buch über Schöpfung oder Evolution lesen, um zu erkennen, dass ein weiser Schöpfer hinter alldem steht. Ich muss nur durch eine Blumenwiese gehen, bei Vollmond auf einem Berg stehen oder die Herbstsonne untergehen sehen und etwas in mir wird geweckt. Ein Empfinden, ein Sinn in mir wird angesprochen und ich beginne über die Größe, Schönheit und Erhabenheit dieser Erde und des Universums zu staunen. Ich erkenne mit einer Leichtigkeit, ohne irgendwelche Argumente, dass jemand dahintersteht, der größer und klüger ist als ich. So wie die Psalmisten beginne ich, Gott inmitten seiner Schöpfung anzubeten, und erkenne seine Größe. Die Schöpfung Gottes spricht mit ihrer eigenen Sprache zu jedem Menschen, der bereit und willig ist zu hören. Viele Menschen, die in Großstädten wohnen, sind nicht mehr umgeben von Gottes Schöpfung, sondern von Menschenschöpfung. Darum begrüße ich Schulungen und Kurse, in denen Menschen intensiv der Schöpfung (Berge, Meer, Wüste u. v. m.) ausgesetzt werden und dadurch wieder für die Sprache Gottes in der Natur sensibel werden können.

2. In und durch äußere Umstände

Gott bedient sich alltäglicher Umstände und Situationen, um mit uns zu reden. Das erscheint uns oft zu banal, weil wir von Gott erwarten, dass er sich irgendwie übernatürlich offenbart. Das tut er auch manchmal, es ist jedoch nicht die Norm. Als vor Kurzem ein Bergführerkollege mehrere Meter abstürzte und für einige Wochen im Koma lag, besuchte ich ihn, einen Tag nachdem er wieder zu sich gekommen war, im Krankenhaus. Er war immer eher skeptisch gewesen, was Gott und Glaube anbelangt, jedoch erlebte er die Realität der geistlichen Mächte, während er im Tiefschlaf lag. Er war sichtlich aufgewühlt und musste einfach mit jemandem darüber reden. Gott gebrauchte einen tragischen Unfall, um zu seinem Herzen zu sprechen. Natürlich kann man alles als Zufall abtun, jedoch, wie die Juden sagen, ist das Wort »Zufall« nicht koscher.

Gott will in und durch jede Situation zu uns reden, die in unserem Leben passiert. Wir müssen nur lernen zu horchen.

3. Gott spricht durch andere Menschen

Die meisten Christen würden bekennen, dass sie Gottes Stimme in einer Predigt, einer Andacht oder einem persönlichen Glaubenszeugnis gehört haben. Ich erfahre ab und zu Trost und Wegweisung durch eine Liedstrophe, durch die Morgenandacht am Frühstückstisch und natürlich in persönlichen Gesprächen mit Menschen. Worte der Ermutigung, der Korrektur oder Warnungen von anderen Menschen habe ich immer wieder klar als Wort Gottes erkannt. Wir dürfen niemals die Tatsache unterschätzen, dass Gott durch andere Menschen zu uns redet. An die Christen in Thessaloniki schrieb Paulus: *»Den Geist dämpfet nicht, die Weissagung verachtet nicht; prüfet aber alles, und das Gute behaltet«* (1. Thess. 5,19-21).

4. Gott spricht durch sein Wort, die Bibel

Die Bibel ist die geschriebene Offenbarung Gottes an seine Menschenkinder. In der Heiligen Schrift offenbart Gott seinen Charakter, sein Wesen und seinen Plan mit den Menschen. Die meisten Christen bezeugen, dass sie Gottes Stimme hören können, indem sie schlicht und einfach sein Wort lesen. Es gibt keinen Ersatz für die Bibel und keine andere Offenbarung Gottes überragt die Bibel. Sie ist der Maßstab, an dem jede andere Offenbarung Gottes geprüft werden muss, wenn wir nicht in eine Irrlehre fallen wollen.

Darum lesen wir in 2. Timotheus 3,16+17: *»Alle Schrift ist von Gott eingegeben und nütze zur Lehre, zur Überführung, zur Zurechtweisung, zur Unterweisung in der Gerechtigkeit, damit der Mensch Gottes richtig sei, für jedes gute Werk ausgerüstet.«*

Obwohl Gott seinen generellen Willen in der Heiligen Schrift allen Menschen offenbart, ist es bei Weitem nicht der einzige Weg, durch den sich Gott zu erkennen gibt. Und damit kommen wir zu dem Punkt, auf den ich in diesem Kapitel besonders eingehen möchte.

5. Gott spricht durch seine intime persönliche Stimme des Heiligen Geistes

Wahrscheinlich können die meisten Christen es ohne Weiteres nachvollziehen, dass Gott auf die oben genannten vier Arten zu uns spricht. Leider sind sie uns häufig derart geläufig und »normal« geworden, vielleicht auch zu wenig spektakulär, dass wir diese Arten Gottes zu sprechen allzu oft beiseitelassen und uns zu sehr auf das Sprechen Gottes durch seine persönliche Stimme des Heiligen Geistes versteifen. Wenn Gott persönlich zu uns spricht, tut er dies jedoch meistens in der unter Punkt 1-4 beschriebenen Art und Weise.

Manchmal spricht Gott aber auch persönlich. In den nächsten Absätzen möchte ich dazu folgende Fragen behandeln:

- Wenn Gott spricht, tut er es spektakulär oder durch eine leise Stimme?
- Was sind die Voraussetzungen, seine Stimme hören zu können?
- Von wo kommt die Stimme Gottes?
- Spricht er nur zu gewissen Auserwählten oder sollte es die Norm sein, dass jeder Christ seine Stimme hört?
- Was ist das Zeugnis unserer Glaubensväter und wie erlebten die Menschen das Reden Gottes in der Heiligen Schrift?
- Wenn Gott spricht, wie kann ich seine Stimme erkennen? Wie weiß ich, ob er redet oder ob ich nur meine eigenen Gedanken aus dem Unterbewusstsein höre oder, noch schlimmer, ob es die Stimme der dunklen Macht ist?
- Kann, will und sollte Gott überhaupt reden? Ist das nicht gefährlich?

Nach einer jüdischen Tradition möchte ich die Antwort auf diese Fragen mit einem Statement festmachen und danach die Begründungen dazu geben.

Die Antwort ist: Ja, Gott kommuniziert mit seinen Kindern auch auf einer ganz persönlichen Ebene im Heiligen Geist, denn dazu hat er uns geschaffen! Gott redet nicht nur in der Schöpfung, nicht nur durch Umstände, nicht nur durch andere Menschen und nicht nur durch sein Wort, sondern Gott spricht auch ganz persönlich zu uns. Und dieses »Extra« ist nicht nur für einige auserwählte Christen bestimmt, sondern sollte das Normalste für jeden Menschen sein, in dem der Geist Gottes wohnt. Darauf will ich nun unter Punkt II näher eingehen.

Gott kommuniziert mit seinen Kindern auch auf einer ganz persönlichen Ebene im Heiligen Geist, denn dazu hat er uns geschaffen!

II. Wie höre ich die Stimme Gottes?

1. Übernatürliche, spektakuläre Erscheinungen Gottes sind nicht die Regel

Als ich 1995 in Australien bei verschiedenen Konferenzen und Gemeinden predigte, lud mich ein alter Mann nach dem Gottesdienst zu sich nach Hause auf seinen Bauernhof ein. Sein ganzes Leben lang hatte er eher zurückgezogen mit seiner Frau auf der Farm gelebt und kaum Interesse an geistlichen Dingen gezeigt. Er erzählte mir, wie ihm plötzlich eines Nachts Jesus Christus erschienen war. Jesus war durch das Zimmerfenster gekommen, hatte sich an sein Bett gesetzt, ihn angerührt und mit ihm geredet, so wie ein Mensch mit einem spricht. Es liegt nicht an mir zu beurteilen, ob diese Erscheinung Einbildung oder Realität war. Sein Leben veränderte sich nach diesem Vorfall auf jeden Fall einschneidend und er wurde seitdem ein brennender Zeuge für Jesus Christus. In den letzten zehn Jahren habe ich etwa fünf bis sechs ähnliche Berichte aus erster Hand gehört. Wenn ich die biblischen Berichte lese, erkenne ich, dass derartige Ereignisse immer wieder mal vorkamen. So wie ein Engel zu Abraham, Jakob,

Josua und vielen anderen geredet hat, kann es auch noch heute geschehen.

Jedoch waren und sind derartige übernatürliche Erscheinungen, obwohl sie immer wieder einmal vorkommen, nicht die Regel. Weder in der Bibel noch in der gesamten Kirchengeschichte sind solche übernatürlichen Offenbarungen Gottes die Norm, sondern immer die Ausnahme. Diese Feststellung ist von großer Bedeutung, weil wir ansonsten Gefahr laufen, die Ausnahme zur Regel machen zu wollen.

2. Die Stimme Gottes ist meistens nicht laut oder hysterisch

Als der Prophet Elia nach seinem großen Sieg über die Propheten des Baal in eine tiefe Depression fiel und Selbstmordgedanken hegte, nahm sich Gott seiner ganz persönlich an und tröstete ihn mit einer guten Mahlzeit und indem er mit ihm redete. Das ist übrigens nach wie vor die beste Therapie für deprimierte Menschen: gemeinsam mit ihnen essen und mit ihnen reden. Die wesentlichsten Dinge im Leben sind immer die einfachsten, so scheint es.

Interessant ist, wie Gott mit Elia sprach. Zuerst kam ein mächtiger Sturm, danach ein Erdbeben und schließlich sogar Feuer. Jedes Mal lesen wir: Aber der Herr war nicht im Wind, er war nicht im Erdbeben und auch nicht im Feuer. Danach kam »der Ton eines leisen Wehens« und darin sprach der Herr zu Elia (1. Kön. 19,8-13).

Das Reden Gottes ist in der Regel nicht spektakulär, sondern wir vernehmen es, indem wir still werden und auf seine Stimme horchen. Darum sagt Gott in Psalm 46,11 (Luther): *»Seid stille und erkennet, dass ich Gott bin!«* Um Gott und seine Stimme zu erkennen, braucht es ein wenig Ruhe, und wir müssen willig sein, diese Disziplin in unserer allzu lauten Welt wieder neu zu erlernen.

3. Die Sensibilität, Gottes Stimme zu hören, wächst durch Erfahrung

Jesus sagte einmal zu seinen Jüngern: »*Meine Schafe hören meine Stimme, und ich kenne sie, und sie folgen mir …*« (Joh. 10,27).

Der Herr Jesus setzt es als selbstverständlich voraus, dass Christen seine Stimme hören und ihm dann auch nachfolgen. Die Erfahrung der meisten Christen deckt sich aber nicht mit dieser Aussage von Jesus. Eine der drei meistgestellten Fragen, die ich auf meinen Vortragsreisen bekomme, ist: »Wie höre ich Gottes Stimme, wie weiß ich, was er von mir will?«

Kuhhirte

Im Alter von 12 bis 14 Jahren war ich drei Sommer lang Kuhhirte auf einer Alm bei Filzmoos im Salzburger Land. Ich lebte dort jeweils für 10 Wochen in einer urigen Almhütte mit einer alten Frau namens Pauline, eine Polin, die nach dem Zweiten Weltkrieg in Österreich geblieben war. Pauline hatte schon damals Probleme mit ihren Beinen und so war es mein Job, die Kühe, Kälber, Ziegen und Schweine zur Hütte zu bringen bzw. sie auf die Weiden zu treiben. Pauline war Sennerin (es war fast wie bei Peter und Heidi, wenn nicht der Altersunterschied von 50 Jahren gewesen wäre) und war das ganze Jahr über verantwortlich für die Tiere, auch im Winter. Die Kühe kannten Pauline seit vielen Jahren und wenn sie die Kühe rief, kamen sie, wenn auch langsam, von ziemlich weit oben herunter zur Hütte. Ich versuchte, es genauso zu machen wie Pauline, verwendete dieselben Worte und schrie zweimal so laut, aber die Kühe fraßen nur gemütlich weiter und ignorierten meine Stimme total. Ich musste hochklettern, sie von oben her einkreisen und jedes Mal bekamen sie wegen ihrer Sturheit den Stock zu spüren.

Rückblickend hat mich dieses Erlebnis eine tiefe geistliche Wahrheit gelehrt. Von Pauline ließen sich die Kühe rufen, denn sie kannten ihre Stimme. Von mir wurden sie getrieben, denn meine Stimme war ihnen fremd.

Zu viele Christen leben heute als Getriebene anstatt als Berufene, weil sie die Stimme Gottes nicht erkennen. Gott verwendete übrigens dieses Bild von Tier und Mensch, als er über sein Volk Israel sprach: *»Ein Ochse kennt seinen Besitzer, und ein Esel die Krippe seines Herrn; Israel hat keine Erkenntnis, mein Volk hat kein Verständnis«* (Jes. 1,3).

Zu viele Christen leben heute als Getriebene anstatt als Berufene, weil sie die Stimme Gottes nicht erkennen.

Gott sagt mit anderen Worten: »Sogar ein Ochse und ein Esel kennt die Stimme seines Herrn und reagiert auf seine Stimme. Doch ihr seid taub mir gegenüber, ihr hört meine Stimme nicht mehr!«

Ein Wort über unsere Ohren

Einen Satz, den der Herr Jesus sechsmal in den Evangelien wiederholt, lautet: *»Wer Ohren hat zu hören, der höre!«*

Von den fünf Sinnesorganen, die Gott uns gegeben hat (Geschmack-, Tast-, Geruch-, Gehör- und Sehsinn), betont Jesus besonders den Gehörsinn. Wenn ich nach dem wichtigsten Sinnesorgan gefragt wurde, habe ich immer auf den Sehsinn getippt. Aus Gottes Perspektive sind jedoch die Augen immer jenes Organ, das den Menschen zur Sünde verführt. Die Ohren hingegen sind jenes Organ, mit dem wir die Wahrheit hören und somit der Glaube an Gott wachsen kann. In Römer10,17 sagt Paulus, dass der Glaube erst durch das Hören auf das Wort Gottes kommt. Darum ist das Hören auf die Wahrheit so wesentlich und darum müssen wir unsere Generation weiterhin schulen, nicht nur zu sehen, sondern zu hören. Um auf meine Zeit auf der Alm zurückzukommen: Je länger ich als Teenager mit den Kühen auf der Alm beisammen war, desto öfter reagierten sie auch auf meine Stimme, was unsere Freundschaft unheimlich bestärkte. Im Laufe der Monate begannen sie, auch auf mich zu hören, weil sie meine Stimme kennenlernten.

Wie hören wir nun als Christen die Stimme Gottes? Die Antwort lautet: *durch Erfahrung und das Vertrautwerden mit seiner*

Stimme. Wir müssen uns im Hören üben, um Gottes Stimme zu erkennen. Ein Missverständnis im Hören der Stimme Gottes liegt manchmal darin, dass viele Christen glauben, sie müssten Gottes Stimme automatisch und immer hören können, ohne zu lernen, auf seine Stimme zu horchen. Dieses Missverständnis ist nicht nur frustrierend, sondern auch gefährlich. Denn wenn Christen glauben, Gottes Stimme automatisch hören zu können, dann interpretieren sie oftmals die wildesten Sachen als »Stimme Gottes«, weil sie eben unbedingt ein Wort von Gott hören wollen, jedoch nicht bereit sind, in Demut und in Geduld seine Stimme kennenzulernen. Oder sie werden so bitter und enttäuscht über das Schweigen Gottes, wenn sie seine Stimme nicht sofort hören, dass sie überhaupt aufhören, zu beten und auf Gott zu horchen. Darum ist es nicht nur das Vorrecht, sondern auch die Verantwortung reifer Gottesmänner und -frauen, den jungen Gläubigen zu helfen, die Stimme Gottes zu hören. Ein wunderschönes Beispiel dafür ist die Geschichte von Eli und Samuel, aufgeschrieben in 1. Samuel im dritten Kapitel. Samuel war ein gottesfürchtiger Junge, aber noch unerfahren in geistlichen Dingen. Als Gott zu ihm sprach, erkannte er die Stimme nicht, sondern glaubte, der Priester Eli hätte ihn gerufen. Schließlich war es der alte Priester, der Samuel darauf hinwies, dass er nicht eine Menschenstimme gehört hatte, sondern Gott selbst redete. Daraufhin erkannte Samuel die Stimme als Gottes Stimme und erhielt konkrete Anweisungen von ihm.[29]

Wenn Christen glauben, Gottes Stimme automatisch hören zu können, dann interpretieren sie oftmals die wildesten Sachen als »Stimme Gottes«.

[29] 1. Sam. 3,1-11

4. Wenn Gott spricht, dann hören wir seine Stimme von innen, denn dort wohnt Jesus Christus im Heiligen Geist

Wie ich bereits in Kapitel 4 erwähnt habe, sagte eine Frau einmal völlig frustriert zu mir: »Wenn ich zu Gott bete, dann geht es höchstens bis an die Decke, aber nicht weiter!« Wie gesagt, ich verstehe diese Frau sehr gut und ich weiß, was sie damit meint.

Doch genau hier liegt das große Missverständnis im Hören auf Gottes Stimme. Ich muss mit meinem Gebet nirgends »durchkommen« und ich muss auch die Stimme Gottes nicht vom Himmel herab erwarten. Aus einem ganz einfachen Grund: Christus hat seine Wohnung nicht in einer entfernten Galaxie, sondern er wohnt *in* uns.[30]

Das Neue Testament bezeugt weit über einhundertmal, dass Christus in uns wohnt und wir in Christus sind. Wenn das so ist, von wo dürfen wir dann seine Stimme erwarten? Natürlich von innen, denn dort wohnt Gott!

Der neue Bund

Der Schreiber an die Hebräer vergleicht den Alten und den Neuen Bund und weist immer wieder darauf hin, um wie viel besser der Neue Bund ist. In Hebräer 8,8-10 zitiert er den Propheten Jeremia, der damals eine Vision von der Ausgießung des Heiligen Geistes zu Pfingsten hatte. Da lesen wir: *»Siehe, es kommen die Tage, spricht der HERR, da werde ich … einen neuen Bund schließen; nicht nach der Art des Bundes, den ich mit ihren Vätern machte an dem Tag, da ich ihre Hand ergriff, um sie aus dem Land Ägypten herauszuführen …* Meine Gesetze gebe ich in ihren Sinn und werde sie auch auf ihre Herzen schreiben; *und ich werde ihnen Gott und sie werden mir Volk sein.«*

Im Alten Bund hat Gott seine Kinder an der Hand geführt und das Gesetz war in steinerne Tafeln eingeritzt. Im Neuen Bund führt Gott uns nicht mehr an der Hand (extern), sondern hat seine Woh-

30 Joh. 14,23

nung in uns gemacht (intern). Ebenso ist sein Gesetz nicht mehr extern, sondern in unser Herz geschrieben.

Schade

Darum ist es eigentlich traurig zu sehen, wie heute viele Christen wieder Führung von außen suchen. Sie suchen nach einem externen Wort von Gott und glauben, seine Stimme zu hören, indem sie neuen Strömungen, Predigern, Visionen und Erlebnissen nachlaufen. Wenn eine Methode alt geworden ist, dann sucht man eine neue. Indem wir das tun, machen wir uns andauernd zu Sklaven neuer Lehren und Methoden und unterscheiden uns im Prinzip nicht viel von jenen Menschen, die ihre Führung im Mondkalender, Pendeln oder in der Esoterik suchen. Obwohl Jesus Christus uns befreit hat von solcher Sklaverei, kehren wir freiwillig wieder zu ihr zurück.

Obwohl Jesus Christus uns befreit hat von solcher Sklaverei, kehren wir freiwillig wieder zu ihr zurück.

Wir müssen Gottes Stimme nicht irgendwo draußen suchen, denn er wohnt in jedem Menschen, der aus dem Heiligen Geist wiedergeboren ist.

Er will zu uns persönlich reden. Manchmal ist es vielleicht schlicht und einfach Faulheit, warum wir ein schnelles Wort von außen hören wollen, damit wir uns nicht anstrengen müssen, ruhig zu werden, um Gottes Stimme persönlich zu vernehmen.

Nur ein Mittler

Vor Kurzem kam ein Bibelschüler auf mich zu und sagte ganz ehrlich: »Sag du mir, was Gott von mir will, denn du hast einen besseren Draht zu ihm als ich!« Ich musste herzlich lachen und ich habe ihn gerne auf Jesus Christus verwiesen. Ich habe ihm erklärt, dass ich kein Mittler zwischen Gott und Menschen bin, sondern dass dies nur Jesus Christus alleine ist.[31]

[31] 1. Tim. 2,5

Wenn Christen mich fragen, ob sie in die Mission gehen sollen, sie jene Arbeitsstelle annehmen sollen, ob sie diese Frau nun heiraten sollen oder nicht, dann gebe ich ihnen gerne meinen Rat, mache mir Gedanken darüber und bringe es vor Gott ins Gebet. Das sollen und dürfen wir auch tun. Denn wie wir bereits besprochen haben, spricht Gott durch Menschen, und im Buch der Sprüche lesen wir: *»Denn mit weiser Überlegung führst du deinen Krieg, und Rettung kommt durch viele Ratgeber«* (Spr. 24,6).

Es ist eine gute Sache, unsere Entscheidungen, Fragen und Weichenstellungen mit reifen Menschen zu besprechen, auf sie zu hören und von ihrer Weisheit zu lernen. Aber geben Sie das Recht der letzten Entscheidung niemandem sonst außer sich selbst in Absprache mit Ihrem Herrn. Darum sage ich den Ratsuchenden am Ende des Gesprächs immer Folgendes: »Ich muss nicht mit deiner Entscheidung leben, sondern du selbst. Ich muss nicht mit deiner zukünftigen Frau leben, sondern du. Ich muss keinen Tag an diesem Platz arbeiten, sondern du. Ich muss nicht in Afrika wohnen, sondern du. Ich werde auch nicht bei dir sein, wenn du einmal vor Gott stehst, sondern du musst dich für deine Entscheidungen verantworten. Der Einzige, der bei dir stehen wird, ist Jesus Christus.« Darum müssen wir lernen, auf ihn zu hören.

Im Alten Bund kamen die Israeliten auf Mose zu und baten ihn, anstelle von Gott zu ihnen zu sprechen.[32] Doch das ist vorbei, das war der Alte Bund! Wir leben im Neuen Bund, der Vorhang ist zerrissen, wir haben direkten Zugang zum Schoß des Vaters, der ebenfalls in uns wohnt. In Johannes 14,23 sagt Jesus: *»Wenn jemand mich liebt, so wird er mein Wort halten, und mein Vater wird ihn lieben, und wir werden zu ihm kommen und Wohnung bei ihm machen.«* Wenn Gott also spricht, dann hören wir seine Stimme generell von innen, weil er dort wohnt.

---

[32] 2. Mose 20,19

5. Gott spricht, während Menschen beten

Beim Lesen der Apostelgeschichte ist mir aufgefallen, dass Gott zu Menschen gesprochen hat, während sie beteten. Mir war immer bewusst, dass Gott Gebete beantwortet, jedoch nicht, dass Gott während des Gebets redet. Hier sind einige Beispiele:

- Während Petrus betete, gab Gott ihm eine Vision (Apg. 10,9).
- Während Cornelius betete, bekam er von Gott eine Antwort (Apg. 10,30).
- Während die Ältesten in Antiochia beteten, sprach der Heilige Geist zu ihnen (Apg. 13,2).
- Während Paulus betete, redete Gott zu ihm (Apg. 22,17).

Es geht mir jetzt nicht darum, was Gott zu diesen Menschen sagte, sondern nur um die Tatsache, dass er redete, während sie im Gespräch mit Gott waren. Gott beantwortet nicht nur Gebete, sondern er spricht, während Menschen beten. Das war nicht nur in der ersten Kirchengemeinde so, dasselbe tut Gott auch heute noch, weil das Gebet den Kommunikationskanal für Gott zum Menschen öffnet.

Meine Erfahrung damit

Bei meinen bescheidenen Glaubensschritten darf ich ehrlich sagen, dass Gott sich mir meistens konkret offenbart, wenn ich mit ihm spazieren gehe, wenn ich zu ihm bete. Nicht dass ich eine hörbare Stimme vernehme, aber er spricht zu mir in Form eines Gedankens, einer gedanklichen Erkenntnis. Dadurch offenbart er mir konkrete Dinge für meinen Lebensweg, weist mich darauf hin, eine bestimmte Person anzurufen, ihr zu schreiben oder sie zu besuchen. Ich verspüre einen inneren Frieden oder Unfrieden über ein Wort, das ich jemandem sagen sollte, oder über die Predigt, die ich gerade vorbereite. Manchmal gibt er mir eine ganz konkrete Antwort auf eine konkrete Frage. Die Antwort auf Paradoxe (Widersprüche) in der Bibel erhalte ich ab und zu, während ich bete. Darum sind meine Gebetsspaziergänge für mich so bedeutungsvoll. Indem ich Zeit mit meinem Herrn Jesus verbringe, erlebe ich die Gemeinschaft, zu der er mich erschaffen hat. Meistens offenbart Gott sich uns, wenn wir schlicht die einfachen Dinge tun, die er von uns fordert.

Oftmals, so befürchte ich, wollen wir zwar Gottes Stimme hören, sind aber nicht willig, im Gehorsam das zu tun, was Christus uns im Gebet aufgetragen hat. Wir wagen es zwar nicht auszusprechen, aber wir denken ungefähr so: »Ich habe keine Lust und auch keine Zeit, auf Gott zu hören, die Bibel zu lesen oder zu beten. Aber sag mir einfach, was du willst, Gott, und ich werde es tun!«

»Ich habe keine Lust und auch keine Zeit, auf Gott zu hören, die Bibel zu lesen oder zu beten. Aber sag mir einfach, was du willst, Gott, und ich werde es tun!«

Das ist ungefähr so, wie wenn ich zu meiner Frau sage: »Hannelore, ich habe keine Interesse, Zeit mit dir zu verbringen, auf deine Fragen einzugehen oder mit dir zu diskutieren. Sag mir nur schnell, welche Kleidung ich heute anziehen soll, und ich werde es tun.« Das würde Hannelore nicht unbedingt motivieren, sich mir zu öffnen, und ich werde ihre Wünsche kaum kennenlernen.Wenn Sie, lieber Leser, die Stimme Gottes noch nie gehört haben oder wenn Sie bezweifeln, ob Gott überhaupt in dieser persönlichen Art zu Menschen redet, dann glaube ich etwas über Ihr Leben zu wissen, auch wenn ich Sie noch nie gesehen habe: Sie verbringen nicht viel Zeit im Gebet. Denn das Zeugnis sowohl der Heiligen Schrift als auch der Millionen von Christen ist, dass Gott spricht, während Menschen beten.Verbringen Sie Zeit mit Ihrem Herrn, gehen Sie mit ihm spazieren, trinken Sie mit ihm Kaffee und Sie werden entdecken, dass Gott auch heute noch redet.

III. Wie unterscheide ich die Stimme Gottes von anderen Stimmen?

Neben der Tatsache, dass es Stille, Zeit und Erfahrung braucht, um die Stimme Gottes von anderen Stimmen zu unterscheiden, gibt es auch objektive Unterscheidungsmerkmale.

1. Eine Menschenstimme

Wie unterscheiden wir objektiv eine Menschenstimme von einer anderen? Durch welche Merkmale erkenne ich z. B. die Stimme meiner Mutter oder die meines Ehepartners, auch wenn ich ihn nicht sehen kann?

Generell durch folgende drei Faktoren:

a. Durch die Art bzw. die Qualität des Tons

Manche Menschen haben eine sehr hohe Tonlage, wenn sie sprechen, andere eine sehr tiefe. Ich habe Freunde, die so schnell sprechen, dass sich die Wörter förmlich überschlagen, und andere wiederum reden so langsam, dass es mir schwerfällt, nicht abzuschalten, wenn sie eine Geschichte erzählen. Die Tonhöhe und das Sprechtempo sind objektive Faktoren, um eine Menschenstimme von einer anderen zu unterscheiden.

b. Durch den Geist, welcher jeder Stimme anhaftet

Jeder Stimme haftet ein gewisser Geist an. Wir sprechen entweder leidenschaftlich oder kühl, können eine fordernde oder weinerliche Stimme haben, scheu oder zuversichtlich unsere Worte aussprechen. Der Geist in unserer Stimme verrät unseren Gemütszustand, unser Selbstbewusstsein und vieles mehr.

c. Durch den Inhalt des Gesagten

Der Inhalt, die Themen und Interessengebiete geben uns die letzte Gewissheit über die Identität einer Person, die wir nicht sehen und bloß hören können.

2. Die Stimme Gottes

Die Stimme Gottes erkennt man an denselben drei Faktoren. Der Unterschied ist allerdings, dass wir eine Menschenstimme über das Ohr wahrnehmen, während wir die Stimme Gottes in der Regel in Form eines Gedankens erfassen. Dennoch können wir dieselben Regeln zur Unterscheidung der Stimme Gottes von anderen Stimmen anwenden.

Der Unterschied ist allerdings, dass wir eine Menschenstimme über das Ohr wahrnehmen, während wir die Stimme Gottes in der Regel in Form eines Gedankens erfassen.

a. Die Qualität oder die Autorität seiner Stimme

Im Januar 2002 war ich frustriert darüber, dass ich einfach nicht wusste, was der Wille Gottes in einer bestimmten Situation war. Ich hatte zwar viele Gedanken, verbrachte auch Zeit im Gebet, aber ich konnte die Stimmen nicht unterscheiden, ich wusste nicht, ob ein Gedanke von Gott kam oder nicht. Als ich dann Gott meinen Frust berichtete, war er, wie immer, sehr treu und hat mir deutlich gesagt, wie ich seine Stimme von meinen eigenen Stimmen unterscheiden kann. Er sagte: »Wenn ich mit dir rede, dann weißt du es. Denn wenn ich spreche, dann gibt es keine Debatte oder Diskussion über den Inhalt des Gesagten. Du hast nur zwei Möglichkeiten: Entweder im Gehorsam das zu tun, was ich sage, oder ungehorsam sein und es lassen. Aber du weißt es!«

Das ist so wahr! Wenn die Gedanken aus meinem Unterbewusstsein kommen, dann kann ich sie abwägen, verändern, verfeinern oder verbessern. Wenn Gott spricht, dann gibt es nichts mehr zu verbessern, sondern nur zu gehorchen. Denn er spricht immer mit göttlicher Autorität. Genau das hat Jesus Christus herausgehoben und von allen anderen Lehrern in Israel unterschieden. Nach der Bergpredigt waren die Menschenmassen erstaunt, *»denn er lehrte sie wie einer, der Vollmacht hat, und nicht wie ihre Schriftgelehrten«* (Mt. 7,29). Jesus hat nie gesagt: »Ich nehme an ...« oder »Es könnte sein ...« oder »Eventuell«, sondern Jesus hat immer mit Vollmacht und Autorität gesprochen. Das hat die Menschen schon damals aufgeregt und wütend gemacht und daran hat sich bis heute nichts geändert. Nach meinem Erlebnis im Januar 2002 las ich ein Zitat von einem gewissen Stanley Jones, der sagte: »Der grobe Unterschied ist vielleicht der: Die Stimme des Unterbewusstseins argumentiert mit dir, sie versucht, dich zu überzeugen. Aber die innere Stimme Gottes argumentiert nicht und versucht auch nicht zu überzeugen. Sie spricht mit einer Autorität und du erkennst sie als Stimme Gottes.« Mehrere Freunde, mit denen ich darüber sprach, bestätigten mir genau dieselben Erfahrungen.

Jesus hat nie gesagt: »Ich nehme an ...« oder »Es könnte sein ...« oder »Eventuell«, sondern Jesus hat immer mit Vollmacht und Autorität gesprochen.

Ein Paar Socken

Obwohl es ein wenig peinlich ist, will ich dennoch ein persönliches Beispiel niederschreiben, um den Punkt noch deutlicher herauszuheben. Als ich vor Jahren abends auf meinem Gebetsspaziergang war, kam mir ein alter Bekannter in den Sinn, für den ich mehrere Jahre gearbeitet hatte, und ich betete dann sogleich für ihn. Während ich für ihn betete, erinnerte ich mich plötzlich daran, dass ich vor 15 Jahren, als ich für ihn arbeitete, aus seinem Sportgeschäft ein Paar Socken gestohlen hatte, die ich nie bezahlt hatte. Ich war damals Skilehrer und weil meine Socken nass waren, nahm ich mir ein Paar neue aus dem Regal. Ich hatte diese Geschichte über all die Jahre längst vergessen und zudem wesentlich größere Sünden begangen, als ein Paar Socken zu stehlen. Also verwarf ich den Gedanken an die Socken gleich wieder, um mit dem nächsten

Gebetsordnungspunkt fortzufahren. Aber es ging nicht, denn die Socken kamen wie ein Bumerang immer wieder zurück mit den Worten: »Sie sind immer noch nicht bezahlt und sie sollten jetzt bezahlt werden!« Allein der Gedanke, zu meinem ehemaligen Chef zu gehen, ihm zu bekennen, dass ich vor 15 Jahren ein Paar Socken gestohlen habe und sie nun bezahlen möchte, war zu absurd und zu peinlich. Und so zögerte ich es hinaus, Woche für Woche, Monat für Monat. In all dieser Zeit wusste ich bereits, dass dieser Gedanke nicht nur aus meinem Unterbewusstsein oder schlechten Gewissen kam, sondern von Gott. Denn rein rational gab es genügend Gründe dafür, dass mir diese Socken sowieso zustanden und ich somit mein Gewissen hätte entlasten können. Schließlich, nach ca. einem halben Jahr, fuhr ich zu meinem ehemaligen Chef, den ich schon seit Monaten nicht mehr gesehen hatte, und bekannte ihm den Diebstahl. Er nahm es überraschend gut auf, hatte sogar volles Verständnis für meine Lage und gab mir das Geld als Spende für den Tauernhof zurück. Ich verließ sein Büro als freier Mensch.

Wenn Gott spricht, dann weiß ich es!

b. Der Geist in Gottes Stimme

Wenn Gott durch einen Gedanken zu uns spricht, so ist diese Stimme immer mit einem gewissen Geist gefärbt. Es ist der Geist des Wohlwollens, des Friedens, der Zuversicht und des guten Willens. Kurz gesagt, es ist der Geist von Jesus Christus. Da die Stimme Gottes so voller Autorität und guten Willens ist, muss sie niemals laut oder hysterisch sein. Ein Schlüsselvers dazu steht im Brief von Jakobus 3,17: *»Die Weisheit von oben aber ist erstens rein, sodann friedvoll, milde, folgsam, voller Barmherzigkeit und guter Früchte, unparteiisch, ungeheuchelt.«*

> Da die Stimme Gottes so voller Autorität und guten Willens ist, muss sie niemals laut oder hysterisch sein.

Die Stimme Gottes, die Weisheit von oben, ist stets friedsam, voller Barmherzigkeit und guter Früchte. Es passiert mir immer wieder, dass ich ein Buch lese, eine Predigt höre oder ein persönliches Gespräch mit jemandem führe, dabei aber keinen Frieden über das Gesagte verspüre. Alles, was ich lese oder höre, klingt richtig, jede Aussage wird sogar mit einem Bibelvers verstärkt und dennoch verspüre ich nicht den Geist von Jesus und merke, dass es nicht die Stimme Gottes ist, die da spricht. Ich habe stückweise gelernt, in einer solchen Situation kein Urteil zu fällen, sondern das Gelesene oder Gesagte beiseitezulegen und es im Gebet vor Gott zu bringen. Ein lieber Freund und Vater im Glauben hat mir einmal geraten: »Vertraue auf die innere Stimme, wenn du in einer Situation nicht in der Lage bist, den Finger konkret auf ein Problem zu legen, und warte ab.«

Gott war bislang immer treu und hat mir früher oder später das Problem aufgezeigt. Wenn Gott redet, dann habe ich immer Frieden über das, was er sagt, denn es ist getrieben vom Geist Gottes, vom Geist des Friedens. Wann immer ich nicht diesen Geist verspüre, warte ich ab. Johannes schreibt in seinem ersten Brief: *»Geliebte, glaubt nicht jedem Geist, sondern prüft die Geister, ob sie aus Gott sind! Denn viele falsche Propheten sind in die Welt hinausgegangen«* (1. Joh. 4,1).

Ein prophetisches Wort

Ich war in den 90er-Jahren zweimal in Rio de Janeiro, wo wir eine Arbeit mit Straßenkindern unterstützen, und habe inzwischen ein paar ganz liebe Freunde in Brasilien gewonnen. Es war für mich ein großes Vorrecht, in mehreren Kirchengemeinden predigen zu dürfen, und ich genieße die impulsive Art der Brasilianer. Ihre Gottesdienste sind laut, lebendig und farbenfroh (von ganz schwarzer Hautfarbe bis ganz hell findet man alle Schattierungen). Aus einer traditionellen Kirchengemeinde kommend, würde ich diese Gottesdienste in Rio als »extrem charismatisch« einstufen, aber sie haben mir immer sehr gutgetan, denn es passt zur Kultur und sie feiern ihren Gottesdienst, so wie sie sind. So schön und lebendig eine emotionale Kultur ist, so birgt sie aber natürlich auch Gefahren.

Eine Brasilianerin und inzwischen eine liebe Schwester im Herrn ging gerade durch eine sehr schwierige Zeit. Sie berichtete mir von einem »Wort Gottes«, das der Pfarrer ihrer Gemeinde über ihr Leben hatte. Eine Woche später ging sie zu einer anderen Gemeinde, wo ein zweiter Pfarrer ebenfalls auf sie zukam und ihr berichtete, dass Gott ihm ein spezielles Wort für sie gegeben hatte. Drei Tage danach geschah dasselbe noch einmal durch eine dritte Person. Das war sehr beeindruckend und spannend, bis sie mir die Visionen dieser drei verschiedenen Personen erzählte. Alle drei Prophezeiungen haben sich total widersprochen und hinterließen diese Frau verwirrt, unsicher und verzweifelt. Derartige Praktiken stellen nicht nur diese »Prophezeiungen« infrage, sondern können Christen derartig verunsichern, dass sie überhaupt nicht mehr an ein Reden Gottes glauben können und sich manchmal sogar von ihrem Glauben abwenden.

Alle drei Prophezeiungen haben sich total widersprochen und hinterließen diese Frau verwirrt, unsicher und verzweifelt.

Abwarten

Vor einigen Jahren besuchte mich eine ehemalige Bibelschülerin aus den USA. Sie machte eine Reise nach Deutschland und fuhr extra für einen Tag mit dem Zug nach Österreich, um mich zu sehen. Gott hatte ihr nämlich eine prophetische Vision über mein Leben gegeben, welche sie mir unbedingt mitteilen musste. Ich bin mir bis heute nicht sicher, ob diese Vision wirklich von Gott oder nur aus ihren eigenen Gedanken kam. Und so bewahre ich sie auf und lasse mich überraschen, ob sich die Vision in meinem Leben erfüllen wird oder nicht. Denn wenn sie von Gott ist, dann wird sie sich erfüllen. Gott hat bereits durch Mose ein Wort zur Unterscheidung von falschen und wahren Propheten gesagt, in 5. Mose 18,21-22: *»Und wenn du in deinem Herzen sagst: Wie sollen wir das*

Wort erkennen, das nicht der HERR geredet hat? Wenn der Prophet im Namen des HERRN redet, und das Wort geschieht nicht und trifft nicht ein, so ist das das Wort, das nicht der HERR geredet hat.«

c. Der Inhalt des Gesagten

Natürlich erkennen wir die Stimme Gottes auch durch den Inhalt, der uns vermittelt wird. Der Inhalt von einem Wort, das von Gott kommt, wird immer mit der Natur und dem Charakter Gottes übereinstimmen, wie es in der Bibel beschrieben wird. Ein Wort, das von Gott kommt, wird niemals der biblischen Wahrheit über sich selbst widersprechen oder sie überholen.

Ein kurzes Beispiel, um diesen Punkt verständlich zu machen: Ein gläubiges Mädchen verliebte sich in einen ungläubigen Jungen, schließlich gingen sie miteinander ins Bett und sie wurde schwanger. Als der Junge das erfuhr, verließ er das Mädchen, weil er noch nicht bereit war, die Verantwortung für ein Kind zu tragen. Leider ist das eine Geschichte, die sehr oft vorkommt und viel Leid und Tränen verursacht. Als ich das Mädchen einige Zeit später fragte, warum sie denn mit dem Jungen ins Bett gegangen ist, gab sie mir die Antwort: »Aber ich wusste in diesem Moment, dass Gott will, dass ich mit ihm schlafe.«

Nun, ich kann nur zu gut verstehen, warum junge Menschen, seien sie Christen oder nicht, wenn sie verliebt sind, miteinander ins Bett gehen wollen. Leider habe ich selber über mehrere Jahre als Christ so gelebt, als würde ich Gott und seine Gebote überhaupt nicht kennen. In dieser Zeit habe ich viele Menschen verletzt und es fällt mir schwer darüber zu schreiben, weil ich mich für so viele Dinge schäme, die ich in dieser Zeit getan habe. Darum hat Gott mir vielleicht auch Verständnis und Barmherzigkeit für Christen geschenkt, die sich von Gott abgewandt haben, ihr Leben selbst bestimmen wollen und es auch tun.

Dem Mädchen konnte ich jedoch sagen, dass es ganz bestimmt nicht Gottes Wille war, mit dem Jungen ins Bett zu gehen, weil

Gott bereits in seinem Wort klar und deutlich gesagt hat, dass jeder Mann nur eine Frau haben soll und dass es kaum gut gehen wird, wenn ein Teil den Herrn Jesus als sein Leben beansprucht und der andere Teil nichts davon wissen will.[33]

Ein persönliches Wort Gottes an Sie wird sich niemals mit dem generellen Wort Gottes in der Heiligen Schrift widersprechen. Ich muss mir nie Gedanken darüber machen, ob ich nun eine Bank ausrauben soll, um den Missionar in Afrika unterstützen zu können. Denn das Wort Gottes hat bereits klar gesagt, dass ich nicht stehlen soll. Somit ist der Inhalt ein klares Unterscheidungsmerkmal, ob die Stimme von Gott kommt oder nicht.

Irren ist menschlich

Abschließend zu diesem Kapitel möchte ich vielleicht noch anfügen, dass wir uns immer die Freiheit des Irrtums vorbehalten sollten. Ich habe Christen getroffen, die aus verschiedenen Gründen in sehr ungute Situationen geschlittert sind, jedoch weiterhin felsenfest darauf bestanden, dass Gott sie dorthin geführt hatte. Dann sage ich zu ihnen: »Könnte es möglich sein, dass du dich vielleicht doch geirrt hast und es nicht die Stimme Gottes war, die du gehört hast?« Denn die Unfehlbarkeit des Sprechers garantiert nicht die Unfehlbarkeit des Hörers.

Warum willst du Gottes Stimme hören?

Manchmal frage ich auch jene Christen, die frustriert darüber klagen, dass sie die Stimme Gottes einfach nicht hören können: »Willst

---

33 Bibelstellen dazu: 1. Mose 2,23-25; Mt. 19,1-10; 1. Kor. 6+7; 2. Kor. 6,15+16; 1. Tim. 5,1+2

du Gottes Stimme wirklich hören? Willst du wirklich von Gott hören, was er über die Beziehung zu deiner Freundin und deinen Eltern sagt? Willst du wirklich Gottes Meinung darüber wissen, wie du deine Freizeit verbringst, welche Filme du dir ansiehst und wie du dein Geld ausgibst? Willst du wirklich von Gott hören, was er über die Steuern zu sagen hat, die du (nicht) bezahlst, und darüber, wie du dich in deiner Gemeinde (nicht) einbringst?«

Manche Christen winken hier ab und müssen eingestehen, dass sie Gott zwar in gewissen Bereichen gerne hören würden, jedoch in manch anderen Gebieten ihre Ohren fest zuhalten, um seine Stimme ja nicht hören zu müssen. Wenn wir ein derartiges Spiel mit Gott spielen, dürfen wir nicht erwarten, seine Stimme zu vernehmen.

Wenn es uns andererseits wirklich darum geht, Gottes Willen in unserem Leben zu erfahren, dann dürfen wir erwarten, dass Gott redet, denn er hat es versprochen. Der Heilige Geist ist treu und er wartet nur auf ein Herz, das bereit ist, sich dem Willen Gottes unterzuordnen und auf ihn zu hören. G. Campell Morgan hat es so schön gesagt: »Wo immer ein Herz auf die Stimme Gottes wartet, dort wird seine Stimme gehört werden.«

»Wo immer ein Herz auf die Stimme Gottes wartet, dort wird seine Stimme gehört werden.«

Damit kommen wir zur »Königsdisziplin« des Gebets, nämlich zur Anbetung.

KAPITEL 11

Anbetung

Ich muss eingestehen, dass ich seit Jahren damit ringe herauszufinden, was Anbetung überhaupt ist. Obwohl ich mein ganzes Leben als Christ versucht habe, Gott irgendwie anzubeten, blieb dieses dumpfe Gefühl, dass ich eigentlich gar nicht weiß, was Anbetung heißt. Ich habe den leisen Verdacht, dass die meisten Christen in unserer Generation nicht so recht wissen, was Anbetung wirklich bedeutet und wie man sie praktiziert.

In einer christlichen Zeitung in Australien habe ich vor Kurzem Folgendes gelesen (dies ist nur ein Ausschnitt, frei von mir aus dem Englischen übersetzt):

»Nach einer Umfrage sehnt sich der durchschnittliche Gottesdienstbesucher in den USA am meisten nach Anbetung. Es wurde auch festgestellt, dass viele Kirchgänger über die Art und das Erlebnis der Anbetung unzufrieden sind … die meisten Erwachsenen beklagen die Tatsache, dass sie die Nähe und Gegenwart Gottes in der Anbetungszeit zu wenig spüren.

Da sie nicht darin geschult sind, wie man recht anbetet, sind sie über ihre Unfähigkeit sehr frustriert, mit Gott auf einer tieferen Ebene zu kommunizieren, aber sie wissen nicht, was sie dagegen tun sollen.«

Diese Hilflosigkeit über die Bedeutung und Praxis von Anbetung finde ich allerdings nicht nur in den USA, sondern genauso in Europa und in allen Konfessionen.

Das Gesetz der ersten Erwähnung

Eine Hilfe, wie man die ursprüngliche Bedeutung eines Begriffes erfassen kann, ist herauszufinden, an welcher Stelle der Bibel dieses Wort zum ersten Mal erwähnt und wie dieses Wort im jeweiligen Kontext verwendet wird. Man braucht dazu nur eine Konkordanz[34] (eines der wichtigsten Werkzeuge für jeden Christen!) und sucht dann die Stellen im Neuen und im Alten Testament heraus, wo dieses Wort zum ersten Mal vorkommt. Diese Methode funktioniert nicht bei jedem Wort, ist aber generell eine gute Hilfe. Man beschreibt diese Methode auch als das »Gesetz der ersten Erwähnung«.

Wo taucht z. B. das Wort »Anbetung« oder »anbeten« zum ersten Mal auf? Im Alten Testament finden wir es zum ersten Mal in 1. Mose, Kapitel 22. Es ist der Bericht von Abraham, der seinen Sohn Isaak opfern sollte. Als Abraham am Fuße des Berges Morija stand, auf dem Hügel, auf dem er seinen Sohn in wenigen Minuten opfern sollte, sagte Abraham zu seinen Knechten: *»Bleibt ihr mit dem Esel hier!* Ich aber und der Junge wollen dorthin gehen und anbeten *und zu euch zurückkehren«* (1. Mose 22,5). Abraham und Isaak gingen also auf diesen Berg, um gemeinsam Gott anzubeten.

Im Neuen Testament finden wir dieses Wort zum ersten Mal im Bericht über die Weisen aus dem Morgenland, die dem Stern nachgehen und das Jesuskind bei Bethlehem in der Krippe vorfinden. Wir lesen in Matthäus 2,11 (Luther): *»Und sie gingen in das Haus und fanden das Kindlein mit Maria, seiner Mutter, und fielen nieder und beteten es an und taten ihre Schätze auf und schenkten ihm Gold, Weihrauch und Myrrhe.«*

---

[34] Eine Konkordanz ist ein Lexikon, in dem alle Worte der Bibel alphabetisch aufgelistet sind. Beim Kauf einer Konkordanz müssen Sie nur darauf achten, dass sie mit Ihrer Bibelübersetzung übereinstimmt.

Ehrfurcht und Wertschätzung

Was bedeutet es nun »anzubeten«? In beiden Berichten fällt auf, dass Anbetung etwas mit großer Ehrfurcht vor bzw. einer tiefen Wertschätzung für Gott zu tun hat. Als Abraham mit seinem Sohn Isaak auf den Berg ging, um Gott anzubeten und seinen Sohn zu opfern[35], rief ihm der Engel des Herrn im letzten Moment zu: *»Lege deine Hand nicht an den Knaben und tu ihm nichts; denn nun weiß ich, dass du Gott fürchtest...«* (1. Mose 22,12 – Luther). Es war die Furcht Gottes, die Abraham motivierte, Gott anzubeten.

Als die Weisen aus dem Morgenland nach monatelanger Reise endlich in Bethlehem ankamen und das Kind in der Krippe liegen sahen, da fielen sie nieder und öffneten ihre Schätze. Obwohl Jesus zu diesem Zeitpunkt noch nichts getan hatte, denn er war ja noch ein Baby, beteten diese erwachsenen Astronomen Jesus an und zeigten so ihre tiefe Wertschätzung.

Etwas Wertvolles geben

Diese tiefe Ehrfurcht und Wertschätzung bewirkt etwas im Anbeter, nämlich etwas ganz Wertvolles, sogar mein Liebstes Gott hinzugeben. Abraham war bereit, seinen Sohn Isaak Gott zu übergeben, die Weisen aus dem Morgenland übergaben alle ihre Schätze. Anbetung hat also, zumindest in diesen zwei Passagen, wo das Wort »Anbetung« zum ersten Mal vorkommt, damit zu tun, aus

35 Es war übrigens nie die Absicht von Gott, dass Abraham seinen Sohn töten soll. Zum einen war es eine Gehorsamsprüfung und zum anderen war es ein »prophetisches Anspiel«, welches auf die wahre Opfergeschichte hindeutete. Denn an diesem selben Ort wurde 2000 Jahre später tatsächlich der einzige Sohn, den Gott lieb hatte, geopfert. Darum nannte Abraham diesen Ort »Auf diesem Berg wird es ersehen werden«.

Ehrfurcht und Wertschätzung etwas aufzugeben, Gott etwas darzubringen oder hinzugeben.[36]

Und die Praxis?

So wahr, biblisch und richtig die Erkenntnis sein mag, dass Anbetung mit Ehrfurcht, Wertschätzung und mein Liebstes zu geben zu tun hat, so wenig konnte ich damit etwas im Alltag anfangen. Viele theologische Richtigkeiten leuchten mir ein, nur weiß ich oft nicht, wie man sie im Alltag praktiziert. Ähnlich erging es mir mit dem Wort von Jesus über wahre Anbeter in Johannes 4,23+24, wo er zur Frau am Jakobsbrunnen sagte: *»Es kommt aber die Stunde und ist jetzt, da die wahren Anbeter den Vater in Geist und Wahrheit anbeten werden; denn auch der Vater sucht solche als seine Anbeter. Gott ist Geist, und die ihn anbeten, müssen in Geist und Wahrheit anbeten.«*

Ich weiß nun zwar, dass ich, wenn ich Gott wahrhaftig anbeten will, ihn im Geist und in Wahrheit anbeten soll. Aber wie geht das?

Ich weiß nun zwar, dass ich, wenn ich Gott wahrhaftig anbeten will, ihn im Geist und in Wahrheit anbeten soll. Aber wie geht das? So dankbar ich dafür bin, das Wort Gottes, die Bibel, besitzen, lesen und kennen zu dürfen, so dankbar bin ich für viele Lehrer, Theologen und Freunde, die mir geholfen haben, das Wort von Jesus recht zu verstehen und in den Alltag umzusetzen. Einer dieser Lehrer ist für mich C. S. Lewis. Die Christenheit des 20. Jahrhunderts wäre um sehr viel ärmer, hätten wir ihn nicht gehabt. In seinem Buch »The four loves« [37] (Die vier Lieben) beschreibt er verschiedene Arten der

[36] Gott etwas hinzugeben bedeutet übrigens nicht, dass ich diese Person oder die Sache, die ich Gott übergebe, »wegwerfe«, sondern ich lege sie in die liebende Hand Gottes. Wenn meine Frau und ich unsere drei Kinder für ein paar Tage unseren Eltern übergeben, dann geben wir die Kinder nicht auf, sondern übergeben sie nur in verlässliche Hände.

[37] C. S. Lewis, The four loves, London, 1977, Fount Paperbacks

Liebe, von denen im Prinzip jeder Mensch getrieben wird. Es hat mir geholfen, Anbetung zu verstehen und zu praktizieren.

Verschiedene Arten von Liebe

C. S. Lewis beschreibt in diesem Buch die »Bedürfnis-Liebe« (need love), also das tiefe Verlangen eines jeden Menschen, von jemand anderem geliebt zu werden. Dann weist er darauf hin, dass jeder Mensch ebenfalls mit einer, wie er es nennt, »Hingabe-Liebe« (gift love) ausgestattet ist. Jede Person, egal, welcher Kultur, Religion oder Hautfarbe, hat eine tiefe Sehnsucht, Liebe zu teilen, seine Liebe jemand anderem zu geben. Die Hingabe-Liebe ist großzügig, freundlich und freut sich darüber, Gutes zu tun.

Die Wertschätzungs-Freude

Des Weiteren beschreibt er die »Wertschätzungs-Freude«. Ist es Ihnen schon einmal passiert, dass Sie einen Sonnenuntergang beobachtet haben oder durch einen verschneiten Winterwald gegangen sind und Sie dabei über diese Schönheit so voller Freude waren, dass Sie einen ganzen Film verschossen haben, obwohl Ihnen bewusst war, dass Sie diesen Moment ohnehin nicht einfangen können? Doch man will diese Momente »mitnehmen«, vor allem auch deshalb, um sie anderen Menschen zeigen zu können. Es tut fast weh, wenn man eine so tiefe Freude empfindet und man diese Freude nicht ausdrücken und weitergeben kann.

Darum wünscht man sich in diesen Augenblicken einen Menschen zur Seite, mit dem man diese Freude teilen kann. Jesus hat gesagt: *»Wes das Herz voll ist, des geht der Mund über«* (Mt. 12,34 – Luther). C. S. Lewis nennt diese tiefe, innere Freude »Wertschätzungs-Freude« (appreciation pleasure).

Anbetung ist: Gott aus Liebe »wertzuschätzen«, ihm zu danken

Es gibt jedoch eine noch tiefere Sehnsucht im Menschenherzen als die Wertschätzungs-Freude, nämlich, wie C. S. Lewis sie nennt, die Wertschätzungs-Liebe. Diese Liebe, so glaube ich, stillt die tiefste Sehnsucht im Herzen eines jeden Menschen und ist zugleich die höchste Tugend, zu der ein Mensch fähig ist.

Die Wertschätzungs-Freude will das Erlebte mit einer anderen Person teilen. *Die Wertschätzungs-Liebe will demjenigen danken, der diese Freude überhaupt erst möglich gemacht hat.*

Manchmal frage ich Menschen, die neben Besitz von Gesundheit, Karriere, lieber Ehefrau und gesunden Kindern auch noch reich, hübsch und beliebt sind: »Hast du eigentlich jemanden, dem du für all das danken kannst?«

Ich kann die untergehende Sonne nicht umarmen, ich werde den Berg nicht küssen und die wunderschöne Höhle nicht liebkosen können, aber ich kann still werden und dem danken, der das alles gemacht hat, und ihn dabei anbeten.

Ich kann die untergehende Sonne nicht umarmen, ich werde den Berg nicht küssen und die wunderschöne Höhle nicht liebkosen können, aber ich kann still werden und dem danken, der das alles gemacht hat, und ihn dabei anbeten. Erst da, wo wir beginnen, Gott dafür zu danken, wer er ist, wenn wir ihn selbst in Liebe wertschätzen, erst da beginnen wir anzubeten. Abraham wusste, wer Gott ist, und darum konnte er anbeten. Die Weisen aus dem Morgenland hatten eine tiefe Wertschätzungsliebe dem Jesuskind gegenüber und beteten es an.

Anbetung ist mein Dank gegenüber Gott, nicht für das, was er für mich getan hat, sondern vielmehr dafür, wer er ist.

Wahre Anbetung ist von Ehrfurcht und Respekt geprägt

C. S. Lewis sagt, wenn man diese Wertschätzungsliebe einer Frau gibt, nennt man es »anhimmeln« (admiration), wenn sie einem Mann gegeben wird, nennt man es »Verehrung« (hero worship), Gott gegenüber nennt man diese Liebe schlicht und einfach »Anbetung« (worship)[38]. Dabei wurde mir bewusst, dass auch der äußere Ausdruck von Anbetung seine Grenzen hat. Wenn ich eine Frau »anhimmle« oder »anbete« (ein Wort, das eigentlich nur Gott zusteht, jedoch in Liebesfilmen öfter verwendet wird), werde ich die Frau nicht beeindrucken, indem ich nur stocksteif dasitze (so wie in manchen Gemeinden), und sie wird auch nicht darüber angetan sein, wenn ich mich auf dem Boden wälze oder rumhüpfe wie im Film »George of the jungle« (so wie in manch anderen Gemeinden). Denn wahre Wertschätzungsliebe, also wahre Anbetung, wird immer von Respekt, Ehrfurcht und einer gewissen Demut geprägt sein sowie von innerer Dankbarkeit und Freude.

Unpassend, aber echt

Eines der schönsten Beispiele von Anbetung ist aufgeschrieben in Lukas 7,36-50. Da lesen wir folgende Geschichte:

»Es bat ihn aber einer der Pharisäer, dass er mit ihm essen möge; und er ging in das Haus des Pharisäers und legte sich zu Tisch. Und siehe, da war eine Frau in der Stadt, die eine Sünderin war; und als sie erfahren hatte, dass Jesus in dem Haus des Pharisäers zu Tisch lag, brachte sie eine Alabasterflasche mit Salböl, trat von hinten an seine Füße heran, weinte und fing an, seine Füße mit Tränen zu benetzen,

---

[38] Ich habe in diesem Kapitel jeweils die Schlagwörter von C. S. Lewis frei aus dem Englischen übersetzt und das englische Wort in Klammer danebengesetzt.

und sie trocknete sie mit den Haaren ihres Hauptes. Dann küsste sie seine Füße und salbte sie mit dem Salböl. Als aber der Pharisäer, der ihn eingeladen hatte, das sah, sprach er bei sich selbst und sagte: Wenn dieser ein Prophet wäre, so würde er erkennen, wer und was für eine Frau das ist, die ihn anrührt; denn sie ist eine Sünderin. Und Jesus antwortete und sprach zu ihm: Simon, ich habe dir etwas zu sagen. Er aber sagte: Lehrer, sprich! – Ein Gläubiger hatte zwei Schuldner; der eine schuldete fünfhundert Denare, der andere aber fünfzig; da sie aber nicht zahlen konnten, schenkte er es beiden. Wer nun von ihnen wird ihn am meisten lieben? Simon aber antwortete und sprach: Ich nehme an, der, dem er das meiste geschenkt hat. Er aber sprach zu ihm: Du hast recht geurteilt.

Und sich zu der Frau wendend, sprach er zu Simon: Siehst du diese Frau? Ich bin in dein Haus gekommen, du hast mir kein Wasser für meine Füße gegeben; sie aber hat meine Füße mit Tränen benetzt und mit ihren Haaren getrocknet. Du hast mir keinen Kuss gegeben; sie aber hat, seitdem ich hereingekommen bin, nicht abgelassen, meine Füße zu küssen. Du hast mein Haupt nicht mit Öl gesalbt; sie aber hat mit Salböl meine Füße gesalbt. Deswegen sage ich dir: Ihre vielen Sünden sind vergeben, denn sie hat viel geliebt; wem aber wenig vergeben wird, der liebt wenig. Er aber sprach zu ihr: Deine Sünden sind vergeben. Und die, die mit zu Tisch lagen, fingen an, bei sich selbst zu sagen: Wer ist dieser, der auch Sünden vergibt? Er sprach aber zu der Frau: Dein Glaube hat dich gerettet. Geh hin in Frieden!«

Diese Frau, eine Prostituierte, platzte uneingeladen und zu einem völlig unpassenden Zeitpunkt in das Haus des Pharisäers, eines anerkannten, religiösen Mannes der Stadt. Sie unterbrach deren theologische Unterhaltung, indem sie sich vor Jesus hinkniete, weinend die Füße von Jesus mit ihren Tränen benetzte und die nassen Füße mit ihren Haaren abtrocknete. Sie war Jesus begegnet, sie sah Gott in Jesus und war völlig eingenommen von ihm. Ihr Herz war gefangen genommen von seiner göttlichen Liebe. Sie kam nicht, um irgendetwas von Jesus zu verlangen. Sie entschuldigte sich nicht und bat nicht einmal um Vergebung. Sie war in ihrem Leben bereits zu tief gesunken, um irgendwelche religiösen Tricks zu probieren. Sie hatte keinen Ausweg, keine Antworten, sie war nur völlig eingenommen von Jesus. Ihr Herz war gebrochen, als sie weinend vor Jesus kniete, und gleichzeitig spürte sie seine Liebe. Sie erlebte die Gegenwart und Liebe Gottes.

Lieber Leser, *die Haltung dieser Frau, diese tiefe Wertschätzung Jesus gegenüber – das ist Anbetung.*

Ich glaube, diese Frau hat erkannt, wozu Gott sie geschaffen hat, nämlich zur Gemeinschaft mit ihm selbst. Im Gegensatz zu Simon, dem Pharisäer, stand ihr keine Religion im Weg, um Gott anzubeten.

Im Gegensatz zu Simon, dem Pharisäer, stand ihr keine Religion im Weg, um Gott anzubeten.

Jesus sagt in Matthäus 5,8: »*Glückselig sind, die reinen Herzens sind, denn sie werden Gott schauen.*« Diese Frau wusste in diesem Moment nicht nur über Jesus Bescheid, sondern sie hat Gott gesehen!

Christsein bedeutet immer: Begegnung mit Gott. Ein Bescheidwissen über Jesus, ohne ihm zu begegnen, ist leere Religion.

Übrigens, auch diese Frau gab so, wie die Weisen aus dem Morgenland, das Beste, das sie hatte. Sie verwendete eine Flasche voll mit Salböl, einer sehr wertvollen Salbe. Es scheint, dass Anbetung immer damit zu tun hat, Gott alles zu geben.

Anbetung und Gefühl

Gefühlsmäßig erlebe ich persönlich Anbetung am ehesten dann, wenn ich alleine mit Gott auf dem Berg oder im Wald unterwegs bin. Ich bin manchmal so überrascht von der Schönheit der Schöpfung, dass ich laut singe, vor Freude hüpfe, mich hinknie und Gott danke. Andere erleben so etwas vielleicht, wenn sie in einer Kapelle sitzen und dabei still werden vor Gott und ihm danken. Wieder andere heben ihre Hände oder drücken ihren Dank durch ein Lied aus. Der äußere Ausdruck ist jedoch nicht Anbetung an sich, sondern immer nur Ausdruck meiner Herzenshaltung Gott gegenüber. Darum hat ein angelernter oder traditioneller »Anbetungsstil«, wie er in verschiedenen Gemeinden zu Recht völlig unterschiedlich praktiziert wird, nicht unbedingt und nicht immer etwas mit wahrer Anbetung zu tun. Nicht der Stil führt zur Anbetung (obwohl er eine Hilfe sein kann), sondern wahre Anbetung führt zum individuellen Ausdruck dieser inneren Haltung von Wertschätzung, Respekt und Dankbarkeit Gott gegenüber.

Anbetungsgottesdienste

Viele Kirchengemeinden feiern heute regelmäßig sogenannte »Anbetungsgottesdienste« und im Großen und Ganzen bin ich sehr dankbar dafür. Es wird viel gesungen, es gibt Gebetsgemeinschaften in Gruppen, man hört persönliche Glaubenszeugnisse und diese meist fröhliche Atmosphäre ist eine große Ermutigung für viele Gläubige. Darum ermutige ich Gemeinden dazu, solche Gottesdienste zu feiern. Jedoch bin ich mir nicht ganz sicher, ob das Wort »Anbetungsgottesdienst« wirklich immer passend ist. Als Abraham und Isaak auf den Berg gingen, um anzubeten, hatte keiner von ihnen eine Gitarre oder ein Liederbuch dabei. Sie hatten weder eine Gebetsgemeinschaft, noch hat einer von ihnen ein verbales, persönliches Glaubenszeugnis abgelegt. Und doch haben sie angebetet!

Die Weisen aus dem Morgenland hatten ebenfalls keine Instrumente oder Liederbücher bei sich, als sie Jesus fanden, jedoch beteten sie an.

Die Frau im Hause des Simon hat weder gesprochen noch gesungen, aber sie hat angebetet. Natürlich können wir Gott auch anbeten, wenn wir singen, während der Gebetsgemeinschaft noch wenn wir ein Glaubenszeugnis ablegen, aber all diese Aktivitäten an sich bedeuten nicht automatisch, dass ich anbete.

Anbetung bedeutet nicht »sich wohlfühlen«

Ich habe überhaupt nichts dagegen, wenn ich mich wohlfühle, und ich freue mich darüber, wenn es Ihnen gut geht. Aber sich während eines Anbetungsgottesdienstes »wohl-« oder »erhaben« zu fühlen, ist nicht gleichzeitig Anbetung. Wenn ich mit erhobenen Händen meine Augen geschlossen habe und bei der dritten Wiederholung von meinem Lieblingslied ein angenehmes Gefühl über meinen Rücken geht, so ist das eine schöne Sache, aber nicht unbedingt Anbetung.

Ich glaube nicht, dass Abraham sich wohlfühlte, als er schweren Schrittes auf den Berg Morija ging, um dort seinen einzigen Sohn Isaak zu opfern. Dennoch hat er Gott angebetet. Ich kann Abraham erst nachempfinden, seit ich einen eigenen Sohn habe. Das Leben des geliebten Sohnes zu geben ist viel, viel schwerer, als sein eigenes Leben zu opfern. Das gibt uns einen kleinen Einblick, wie schwer es für Gott, den Vater, der die Liebe in Person ist, gewesen sein muss, seinen einzigen Sohn für uns zu geben.

Ich glaube auch nicht, dass die Prostituierte sich im Haus eines angesehenen religiösen Mannes sehr wohlfühlte. Sie war vielmehr erfüllt von Scham über ihre Vergangenheit. Aber sie kam zu Jesus und hat angebetet.

Anbeten im Leid

Hiob bezeugt von seinem eigenen Leben mit Gott: »*Vom Hörensagen hatte ich von dir gehört, jetzt aber hat mein Auge dich gesehen*«

(Hiob 42,5). So wie die Frau zu den Füßen von Jesus hat Hiob Gott geschaut.

Wünschen wir uns das nicht alle? Gott nicht nur vom Hören her kennen, sondern ihn wirklich zu erleben, Gott zu schauen? Wie kam es bei Hiob zu diesem Schlüsselerlebnis? War Hiob auf einer christlichen Konferenz mit geisterfüllten Predigern, wo er Gott begegnete? Erlebte er Gott, indem er in Ekstase geriet und es ihn schüttelte? Nein, Hiob verlor alles, was ein Mensch nur verlieren kann. Als die »Hiobsbotschaft« ihn erreichte, verlor er seine Viehherden, seine Knechte, seine Kinder, seine Gesundheit, die Glaubensgemeinschaft mit seiner eigenen Ehefrau, und zuletzt wurde er auch noch von seinen Freunden missverstanden. In der Tiefe des Leids konnte die Frau Hiobs die Qualen ihres Ehegatten nicht länger mit ansehen und sagte: *»Fluche Gott und stirb!«* (Hiob 2,9).

Über Hiob jedoch lesen wir, dass er in all den Leiden sprach: *»Der HERR hat gegeben und der HERR hat genommen, der Name des HERRN sei gepriesen!«* (Hiob 1,21).

Hätte es damals schon Kirchengemeinden gegeben, so wäre Hiob mit seiner Frau und den zehn Kindern die Woche davor sicher im Gottesdienst gewesen. Alle zwölf hätten sie gesungen, Zeugnis gegeben und Gott angebetet. Eine Woche später traf sie das unerwartete Leid. Die Frau Hiobs verlor dasselbe wie ihr Mann, denn es waren auch ihr Besitz, ihre Kinder und ihr Leben, welches an diesem Tag zerbrach. Hiob und seine Frau waren beide in der gleichen Situation. Jedoch haben sie sehr unterschiedlich reagiert: Hiob hat Gott angebetet, seine Frau hat Gott verflucht.

Hiob hat Gott angebetet, seine Frau hat Gott verflucht.

Die Woche davor waren beide in der Gemeinde und beteten Gott an. Doch als Leid in ihr Leben kam, offenbarte sich ihr wahres Gottesbild und ihre Beziehung zu Gott.

So erleben wir es bis heute. Wir alle heben die Hände im Anbetungsgottesdienst, wenn es uns gut geht. Wir alle bekennen uns zu

Jesus, solange er uns Gesundheit und Lebensglück beschert. Im Leid jedoch kommt die wahre Gottesbeziehung zum Vorschein. Der eine wendet sich bitter von Gott ab und verflucht ihn, der andere betet Gott an.

Wenn wir Gott nur anbeten, weil es uns gut geht, dann müssen wir uns fragen, ob wir Anbetung verstanden haben. Wenn wir Gott nur dann anbeten, wenn wir uns wohlfühlen, dann kann es sein, dass meine Anbetung nur ein Akt der Höflichkeit für das ist, was Gott mir gibt. Als Oswald Chambers und seine Frau einmal von einem Krankenbesuch nach Hause kamen, fragte seine Frau ihn, was Gott wohl mit diesem kranken Menschen tun wird. Oswald Chambers gab ihr zur Antwort: »Mir ist egal, was Gott tut. Für mich zählt nur, wer Gott ist.«[39] Seine Antwort war nicht oberflächlich, denn er war vom Leiden dieser Frau sehr bewegt. Doch er war sich dessen sicher, dass der allmächtige Gott genau das tun wird, was er für richtig befindet. Gott ist nicht nur anbetungswürdig, wenn es uns gut geht, sondern auch dann, wenn es uns schlecht geht. Wir dürfen Gott nicht deshalb »gut« nennen, weil wir eine gute Zeit haben, denn er ist auch dann gut, wenn wir durch eine schwierige Zeit gehen.

Gott ist nicht nur anbetungswürdig, wenn es uns gut geht, sondern auch dann, wenn es uns schlecht geht.

Danken im Leid

Kurz bevor Hannelore und ich 1987 geheiratet haben, wurde sie wegen einer Allergie gegen Desinfektionsmittel aus der Krankenschwesternschule entlassen. Die Haut an den Händen hat sich bis heute nicht regeneriert. Als ich mich 1989 entschied, im Fackelträgerzentrum Tauernhof mitzuarbeiten, stellte sich bei mir bald

---

[39] David MacCasland, Oswald Chambers, Ein Leben voller Hingabe, Holzgerlingen, Hänssler Verlag, 2003

danach eine Sonnenallergie ein. Über ein Jahr lang konnte ich fast nur mit einer Gesichtsmaske aus dem Haus gehen. Ich erinnere mich gut daran, als Hannelore und ich manchmal um 2.00 Uhr morgens noch immer nicht schlafen konnten, weil die Haut so juckte und wir beide im Bett saßen, zum Teil unter Tränen, und uns (zer)kratzten. Hannelore fragte dann manchmal verzweifelt, was wir tun sollten. Und dann sagte ich: »Ich verstehe das Ganze nicht, aber lass uns Gott danken, denn er weiß Bescheid.«

Wir fühlten uns während dieser Zeit überhaupt nicht danach, Gott zu danken, und es ging uns überhaupt nicht gut. Dennoch wussten wir, dass Gott es letztlich gut mit uns meint und dass er der Einzige ist, der unseren Dank und unsere Anbetung zu jeder Zeit und unter allen Umständen verdient.

Rückblickend bin ich froh, dass wir Gott gedankt haben, denn in dieser Zeit lernten wir den Herrn Jesus, seine Liebe und auch seine Kraft kennen wie nie zuvor. Gott hat mir dann sogar durch das Gebet einiger Brüder Heilung geschenkt und Hannelore hat die Kraft und Freiheit bekommen, dankbar mit dem Ausschlag umzugehen und damit leben zu lernen.

Dankbarkeit in diesen Zeiten ist der Schlüssel zur Anbetung.

Mein Großvater

Mein Großvater Matthias Royer wurde 1914 in den Ersten Weltkrieg eingezogen. Obwohl seine Frau 1913, also ein Jahr davor, in jungen Jahren gestorben war und somit drei kleine Kinder im Alter von drei bis acht Jahren keine Mutter mehr hatten, wurde er gezwungen, in den Krieg zu ziehen. Die Nachbarn kümmerten sich in der kommenden Zeit um Hof und Kinder in der Hoffnung, dass er bald wieder nach Hause kommen würde. Aber er kehrte erst 1920, also sechs Jahre später, aus der russischen Gefangenschaft in die Ramsau und zu seinen Kindern zurück. Großvater hat über diese sechs furchtbarsten Jahre seines Lebens voller unsagbaren Leids später ein Buch geschrieben und während seiner Gefangenschaft dieses Gedicht verfasst:

Ach, wie dunkel sind die Nächte,
kommt denn kein heller Tag herbei?
Müssen wir bleiben wohl ewig Knechte,
wann endet wohl die Sklaverei?

Wir warten ja sechs Jahre bald,
noch immer gibt's kein Frieden.
Wann endet die Gefangenschaft,
wann seh ich meine Lieben?

In der Fremde sein ist bitter,
in öder, kalter Einsamkeit.
Klage laut und weine bitter,
ach Gott, wie schwer drückt mich Kreuz und Leid!

Auf der Welt bin ich verlassen,
bin lang getrennt von Weib und Kind.
Geschwister, Freund' musst ich verlassen,
kein Trost in meiner Not ich find.

Mein Vater ist gestorben lang,
die Mutter schläft auch in Frieden.
Ja, alle sind wohl glücklich dran,
die vor der Trübsalzeit entschieden.

Mein Weib hat die Welt verlassen
schon in der Hälfte ihrer Jahr'.
Ich muss wandern fremde Straßen,
wo mich umgibt so viel Gefahr.

Freunde sind von mir geschieden,
sind längst schon in der Ewigkeit.
Alle ruhen dort in Frieden,
nur ich bin noch im Kampf und Streit.

Meine Kinder in der Heimat,
die pressen mir wohl Tränen aus.
Mutterliebe sie vermissen,
des Vaters Wacht ist nicht zu Haus.

Doch brauch nicht zu verzagen,
ich hab ja einen Gott, der hilft,
jede Last hilft er mir tragen,
nur er ist meiner Hoffnung Schild.

Seit den frühsten Kindheitstagen
war er mir stets treuer Hort.
In den schwersten Schicksalslagen
half er mir durch, an jedem Ort.

Wenn das dunkle Tal durchschritten,
an meines treuen Führers Hand,
oh, dann seh ich erst im Lichte
jenes schöne Heimatland.

Ich bin hier noch im fremden Land,
hab Sehnsucht nach dem Heimatland.
Steht auch die ganze Welt in Brand,
mein Leben ist in Gottes Hand.

Ich tue mich immer wieder schwer, dieses Gedicht zu lesen, ohne Tränen in den Augen zu haben. Denn hier erlebe ich wie bei Hiob, was es bedeutet, Gott im Leid anzubeten.

Eine letzte Frage

Wann haben Sie Gott zum letzten Mal gesagt, wie sehr Sie ihn um seiner selbst willen schätzen?

Wann haben Sie ihm zum letzten Mal dafür gedankt, dass Sie zu ihm gehören?

Wann haben Sie zum letzten Mal angebetet?

Hans Peter Royer

Du musst sterben, bevor du lebst, damit du lebst, bevor du stirbst!

Gebunden, 13,5 x 21,5 cm, 192 Seiten
Nr. 395.804, ISBN 978-3-7751-5804-6
Auch als E-Book e

Der beliebte Evangelist Hans Peter Royer stellte immer wieder fest: Viele Christen haben die zentrale Botschaft des Evangeliums für sich noch nicht durchdrungen. Was heißt es, als neuer Mensch in Christus zu leben? Royer gibt klare Antworten, lebensnah und tief geistlich.

Hans Peter Royer

Dunkler als Finsternis – heller als Licht

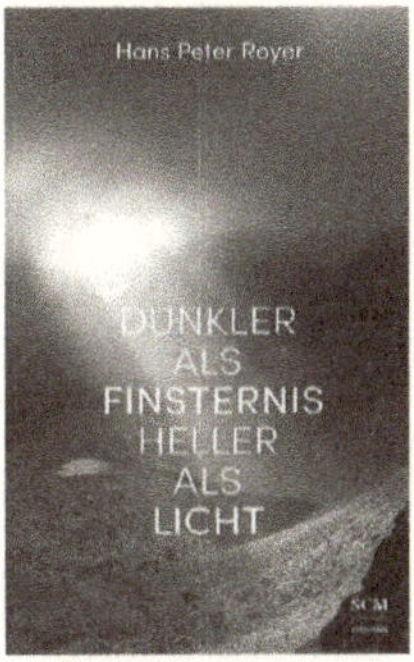

Gebunden, 13,5 x 21,5 cm, 144 Seiten
Nr. 395.803, ISBN 987-3-7751-5803-9
Auch als E-Book e

Hans Peter Royer zeigt: Selbst in den finstersten Ecken der Welt leuchtet Jesus Name heller als jedes Flutlicht. Begeistert erzählt er, wie Jesus auch unser Leben hell macht. Seine Faszination von der Einzigartigkeit und Schönheit Jesu strahlt dem Leser entgegen.

Bitte fragen Sie in Ihrer Buchhandlung nach diesen Büchern!
Oder schreiben Sie an: SCM Verlag, D-71087 Holzgerlingen;
E-Mail: info@scm-verlag.de; Internet: www.scm-verlag.de

Hannelore & Hans Peter Royer

Der Liebesbrief des Vaters

Leinen, 10,5 x 16,5 cm, 144 Seiten
Nr. 395.787, ISBN 978-3-7751-5787-2
Auch als E-Book

Gott hat Ihnen einen Liebesbrief geschrieben – die Bibel. Hannelore und Hans Peter Royer haben die schönsten Bibelverse ausgewählt und diese unter den verschiedenen Facetten der Liebe Gottes zusammengestellt. Ein inspirierendes Buch und wunderbares Geschenk.

Hans Peter Royer

Nur wer loslässt, wird gehalten

Christuszentrierte Erlebnispädagogik

Paperback, 13,5 x 20,5 cm, 112 Seiten
Nr. 393.959, ISBN 978-3-7751-3959-5
Auch als E-Book

Erlebnispädagogik – ein spannendes Thema! Hans Peter Royer hat hier erlebnispädagogische Grundsätze auf den christlichen Glauben angewendet. Geistliche Prinzipien lassen sich wunderbar durch Erlebnisse in der Natur oder im Sport vermitteln. Mit vielen praktischen Hilfen.

Bitte fragen Sie in Ihrer Buchhandlung nach diesen Büchern!
Oder schreiben Sie an: SCM Verlag, D-71087 Holzgerlingen;
E-Mail: info@scm-verlag.de; Internet: www.scm-verlag.de